# DE GAULLE
VU PAR LES ANGLAIS

## Du même auteur

Avec Kathryn Hadley, *Dans le secret des archives britanniques, l'histoire de France vue par les Anglais 1940-1981*, Calmann-Lévy, 2012

François Malye

# DE GAULLE
# VU PAR LES ANGLAIS

calmann-lévy

Les textes des archives britanniques ont été traduits
par Julia Malye avec la participation d'Agnès Blondel

© Calmann-Lévy, 2015

COUVERTURE
*Maquette :* Nicolas Trautmann
*Photographie :* © Gerti Deutsch / Picture Post /
Hulton Archive / Getty Images

ISBN 978-2-7021-5459-5

# INTRODUCTION

Il est environ midi, ce dimanche 9 juin 1940, lorsque l'avion du général Charles de Gaulle se pose à l'aéroport londonien de Helston. À la fin de l'après-midi de ce dimanche ensoleillé, celui qui a été nommé sous-secrétaire d'État à la Guerre cinq jours plus tôt par Paul Reynaud va rencontrer pour la première fois le plus illustre des Britanniques, Winston Churchill, qui occupe depuis peu le poste de Premier ministre, afin de lui demander son aide pour tenter d'éviter que le désastre français ne se termine en naufrage. Dès ces premiers instants dans la capitale britannique, de Gaulle fulmine. Dans ses *Mémoires de guerre*[1], il ne cache pas sa surprise devant l'insouciance des Londoniens. « *Les rues et les parcs remplis de promeneurs paisibles, les longues files à l'entrée des cinémas, les autos nombreuses, les dignes portiers au seuil des clubs et des hôtels, appartenaient à un autre monde que celui qui était en guerre.* » Bref, grince-t-il, « *au sentiment des Anglais, la Manche était encore large* ». Mais de Gaulle ne connaît pas les Britanniques. Insensible à leur humour et à leur excentricité, il ne sait pas encore que leur apparente légèreté dissimule une résolution farouche. À 49 ans, c'est la première fois qu'il passe le Channel. Il ne parle pas anglais, et s'il a lu Shakespeare et Kipling – en traduction –, ce sont Barrès et Péguy, défenseurs de la terre de France, qui sont ses idoles. Toute sa culture et son éducation le poussent

---

1. Plon, 1954.

*Introduction*

à détester ces Anglais qu'il n'évoquera jamais sous le nom de Britanniques. Dans son vocabulaire, ils doivent conserver le nom qui, au long des siècles, a signifié pour les Français invasion, traîtrise, rouerie. Et le voilà aujourd'hui sur cette île honnie, pour y quémander un soutien qui, il le sait bien, ne sera pas accordé. « *Il n'avait jamais prétendu aimer les Anglais. Mais venir à eux comme un mendiant, avec la détresse de son pays gravée sur son front et au fond de son cœur, était insupportable*[1] », écrira Lady Spears, la femme du général Spears[2].

Ce que personne ne pouvait deviner, c'est que les relations tumultueuses de De Gaulle avec les Anglais dureraient près de trente ans, jusqu'à sa démission de la présidence de la République, en 1969. De fait, plusieurs milliers de dépêches ou de rapports lui ont été consacrés par les agents des services secrets ou les diplomates de la Couronne ; tous sont conservés aux Archives nationales britanniques. Autant de documents exceptionnels qui permettent de révéler le point de vue de nos meilleurs ennemis sur cette rivalité sans fin. Un premier livre[3] a déjà été rédigé à partir de cette mine d'informations et il était apparu évident que les documents consacrés au chef de la France libre et futur président de la République méritaient, à eux seuls, un ouvrage à part entière. Il a donc fallu retourner à Kew, siège des National Archives, et y reprendre la fouille de dossiers poussiéreux pour en faire émerger ce portrait méconnu du

---

1. Mary Borden (1886-1968), écrivain, femme d'Edward Spears, citée dans Jean Lacouture, *De Gaulle, le rebelle*, Seuil, 1984.
2. Général Edward Louis Spears (1886-1974), officier de liaison pendant le premier conflit mondial entre les armées britannique et française. « *Il connaissait bien la France et parlait le français aussi bien qu'un académicien* », écrit Duff Cooper. Il est, en 1940, le représentant personnel de Winston Churchill auprès du gouvernement français.
3. François Malye et Kathryn Hadley, *Dans le secret des archives britanniques, l'histoire de France vue par les Anglais*, Calmann-Lévy, 2012.

*Introduction*

Connétable. Mais avant de présenter ces documents passionnants, il faut planter le décor et, à l'aide des principaux témoins britanniques, comprendre quelles furent les causes de ce duel digne des plus belles heures de la guerre de Cent Ans.

Ce 9 juin, tout avait pourtant bien débuté. Dans la pièce du Conseil des ministres du 10 Downing Street, de Gaulle, assisté de son aide de camp Geoffroy de Courcel, est assis à côté de Roland de Margerie[1], chef du Cabinet diplomatique de Paul Reynaud. Geoffroy de Courcel n'a pas à traduire les propos de Churchill qui, fumant un énorme cigare, s'exprime dans son français inimitable en faisant les cent pas face à eux. De Gaulle est venu lui assurer que le gouvernement de Paul Reynaud compte continuer la guerre, même à partir de l'empire, mais il faut que le Premier ministre envoie les avions de la RAF pour soutenir cet effort. Churchill n'y croit plus et refuse. Comme le montre le compte-rendu du Cabinet de guerre britannique (voir chapitre « La légende de juin »), de Gaulle, pourtant, le séduit. Roland de Margerie en témoigne, les deux hommes se sont « *accrochés* ». Churchill, avec sa longue expérience de la politique, sait flairer les personnages hors normes et apprécie cet homme au physique si étrange et à la détermination sans faille. Si le Premier ministre britannique n'a pas laissé trace de cet entretien dans ses Mémoires[2], de Gaulle l'a largement évoqué dans les siens. « *L'impression que j'en ressentis m'affermit dans ma conviction que la Grande-Bretagne, conduite par un pareil lutteur, ne fléchirait certainement pas. M. Churchill me parut être de plain-pied avec la tâche la plus rude, pourvu qu'elle*

---

1. Roland de Margerie (1899-1990), diplomate. Il sera ensuite nommé consul général à Shanghai puis, en 1943, à Pékin et sera, comme ambassadeur à Bonn en 1963, l'un des artisans du traité franco-allemand entre de Gaulle et Adenauer.
2. Winston Churchill, *Mémoires de guerre*, Tallandier, 2014.

*Introduction*

*fût aussi grandiose [...] Bref, je le trouvais bien assis à sa place de guide et de chef.* »

Malgré tout, de Gaulle ne se fait guère d'illusions sur les Anglais. La défaite annoncée de la France signifie son abaissement, et, à terme, le dépeçage de son empire par ces alliés voraces. On dit qu'à l'âge de 8 ans, le jeune Charles de Gaulle fut traumatisé, comme le furent tous les Français, par l'affaire de Fachoda[1]. Parmi les troupes britanniques, il y avait un jeune lieutenant de 23 ans, reporter de guerre à ses heures et qui avait participé quelques jours plus tôt à la bataille victorieuse d'Omdurman, la dernière grande charge de la cavalerie britannique contre les derviches tourneurs, pendant laquelle il a d'ailleurs failli perdre la vie. Voilà ce que Winston Churchill écrit dans son deuxième ouvrage[2] sur cet incident : « *Lorsque l'on apprit avec certitude que huit aventuriers français occupaient Fachoda et réclamaient un territoire deux fois aussi grand que la France, ce sentiment fit place à une amère et profonde colère. Il n'y a pas de puissance en Europe que l'Anglais moyen regarde avec moins d'animosité que la France.* » La haine était réciproque et solidement installée depuis des siècles. En France, la mémoire populaire de l'époque n'oublie pas Azincourt, la mort de Jeanne d'Arc, Trafalgar et Waterloo. Cette dernière défaite française, prélude à un siècle de domination britannique, de Gaulle n'en parle jamais. Aucune mention dans son récit *a posteriori* de la journée historique de l'appel du

---

1. Le capitaine Jean-Baptiste Marchand, à la tête d'une mission d'exploration qui devait permettre aux Français d'arriver les premiers sur le Nil et d'implanter au sud de l'Égypte un nouveau protectorat français, a investi le fort de Fachoda. Mais les troupes de Lord Kitchener, qui viennent de vaincre le soulèvement des rebelles mahdistes, arrivent en ce mois de septembre 1898 devant le petit fort. Les Français finissent par céder et abandonnent le terrain.
2. Winston Churchill, *La Guerre du fleuve, un récit de la reconquête du Soudan*, collection « Mémoires de guerre », Les Belles Lettres, 2015.

*Introduction*

18 juin, lancé pourtant au soir du jour anniversaire de la défaite de Napoléon. On s'imagine combien il dut se faire violence pour entrer dans l'histoire à l'heure où, cent vingt-cinq ans plus tôt, les troupes françaises se débandaient, après une journée de carnage, devant celles de Wellington. Il faut également garder à l'esprit que la guerre de 1914-1918 a laissé des traces profondes en France, avec l'engagement, contesté, des Britanniques. Comme le rappellent les historiens Isabelle et Robert Tombs, « *Français et Britanniques firent deux guerres séparées, moins en compagnons d'armes qu'en voisins méfiants et parfois jaloux*[1]. »

Les Britanniques n'ignorent pas le poids de l'aversion de De Gaulle envers eux. « *Je savais qu'il n'était pas un ami de l'Angleterre* », écrira Churchill dans ses Mémoires, quand Spears évoque « *une méfiance fondamentale, bien française, envers l'Angleterre et les Anglais [qui] affecta, de façon sérieuse et durable, son attitude envers nous et le Premier ministre*[2] ». Car de Gaulle n'y va pas de main morte : « *Je n'ai aucune confiance dans les Anglais : ils prennent et gardent une attitude hypocrite.* » Plus mesuré, dans une lettre à sa femme Yvonne en 1941 : « *J'ai beaucoup à faire en ce moment et me trouve dans de grandes difficultés. Les Anglais sont des alliés vaillants et solides, mais bien fatigants.* » À cette suspicion atavique, il ne faut pas oublier d'ajouter un facteur aggravant : le caractère de De Gaulle.

Dès ses débuts dans la carrière militaire, bon nombre de ses camarades et surtout de ses supérieurs le trouvent imbuvable, et insupportable son attitude de « *roi en exil* ». « *Il ne savait pas se créer d'amis*[3] », résume Duff Cooper, représentant de

---

1. Isabelle et Robert Tombs, *La France et le Royaume-Uni. Des ennemis intimes*, Armand Collin, 2012.
2. Edward Spears, *Pétain, de Gaulle, deux hommes qui ont sauvé la France*, Presses de la Cité, 1966.
3. Alfred Duff Cooper (1890-1954), premier vicomte Norwich, ministre de l'Information dans le cabinet Churchill. Cooper parlait français couramment,

*Introduction*

la Grande-Bretagne à Alger auprès du Comité français de libération à partir de fin 1943. Et d'évoquer *« cette curieuse inaptitude à être heureux »*. Son prédécesseur en Algérie, Harold Macmillan, qui rencontre le chef de la France libre pour la première fois durant l'été 1942, le trouve d'abord aimable avant d'ajouter cette litote : *« Je devais bientôt découvrir certains aspects plus austères de son caractère[1]. »* Il faut dire que de Gaulle a une stratégie bien à lui vis-à-vis des Anglais : *« Il faut taper sur la table, ils s'aplatissent[2]. »* Et on doit bien reconnaître que celle-ci portera ses fruits, les Britanniques finissant par respecter cette attitude qui aurait dû définitivement les rebuter. Comme le dira Duff Cooper : *« Sa superbe intransigeance avait une noblesse que je finissais, malgré moi, par admirer[3]. »* Churchill, dans ses Mémoires, ne dira pas autre chose. *« Ces pages contiennent au sujet du général de Gaulle des jugements sévères, fondés sur les événements du moment [...] Mais j'ai toujours reconnu en lui l'esprit et les conceptions que le mot "France" évoquera éternellement tout au long des pages de l'histoire. Je comprenais et j'admirais, tout en m'en irritant, son attitude arrogante. »*

Le plus surprenant est que la plupart de ces témoins, tout comme le peuple britannique et jusqu'au roi et à la reine, ont soutenu de Gaulle. Ainsi Harold Macmillan[4] évoque dans

---

Winston Churchill disait que *« Duff est plus français que les Français eux-mêmes »*. Il a laissé plusieurs volumes de Mémoires, dont *Au-delà de l'oubli*, publié chez Gallimard en 1960.
1. Harold Macmillan, *La Grande Tourmente, 1939-1945. Mémoires de guerre*, Plon, 1968.
2. Edward Spears, *op. cit.*
3. Duff Cooper, *op. cit.*
4. Harold Macmillan (1894-1986), député conservateur à partir de 1924, il est nommé, en 1940, secrétaire parlementaire au ministère de la Production industrielle puis, le 30 décembre 1942, ministre résident auprès du quartier général allié en Afrique du Nord. Après la guerre, il occupe plusieurs postes

*Introduction*

ses Mémoires « *un homme dont la personnalité était plus puissante que celle d'aucun autre Français* ». Spears, qui se fâchera à mort avec lui, nourrit pour de Gaulle « *un respect et une admiration que les événements ultérieurs n'ont en aucune manière atténués*[1] ». « *Je nourrissais la plus sincère admiration pour les qualités de ce grand Français* », écrit de son côté Anthony Eden[2], ministre de la Guerre puis des Affaires étrangères, fervent francophile, qui soutint toujours de Gaulle. Cela n'empêche pas quelques réserves. « *Il donnait cependant, quand il plaidait la cause de la France [...] l'impression d'avoir appris la diplomatie à l'école de César Borgia*[3] », écrit Spears. Harold Macmillan, visionnaire, compare le général à Napoléon ou à Louis XIV : « *Je crains qu'il ne soit toujours quelqu'un avec qui il sera très difficile de travailler. C'est un autocrate de nature*[4]. » « *De Gaulle cependant était victime de ses qualités ; sa ferveur le poussait à trop douter des intentions des autres*[5] », ajoute Eden.

La mésentente avec Churchill est d'un autre ordre et Duff Cooper l'explique très bien : « *Après avoir passé plus de cinquante ans dans ce métier déshumanisant qu'est la politique, Winston Churchill conserve des réactions aussi humaines que celles d'un écolier. Ses amis ont raison, ses ennemis ont tort*[6]. »

---

ministériels avant de devenir Premier ministre de janvier 1957 à octobre 1963. Il a laissé plusieurs volumes de Mémoires.
1. Edward Spears, *op. cit.*
2. Sir Anthony Eden (1897-1977), député conservateur, il est ministre de la Guerre de juin à décembre 1940 puis ministre des Affaires étrangères. Il sera également Premier ministre d'avril 1955 à janvier 1957. Francophile parlant parfaitement le français, de Gaulle lui rendra hommage (voir chapitre « L'ami d'Albion ») ; quant à Churchill, il le traite « comme un fils ». Il perd le sien, Simon, aviateur, lors d'une mission en Birmanie en juin 1945. Il a laissé des Mémoires, *L'Épreuve de force. Février 1938-août 1945*, Plon, 1965.
3. Edward Spears, *op. cit.*
4. Harold Macmillan, *op. cit.*
5. Anthony Eden, *op. cit.*
6. Duff Cooper, *op. cit.*

*Introduction*

Ils ont beau être deux géants, les éclats terribles qui jalonnent leurs relations ressemblent parfois aux chamailleries d'enfants qui ne cherchent même plus à essayer de se supporter. Tout s'aggrave avec l'entrée en scène des Américains. Roosevelt, qui déteste de Gaulle, pèse de tout son poids sur Churchill pour qu'il rompe avec lui. Les diplomates britanniques s'y opposent car ils savent que, dans l'avenir, le Royaume-Uni aura besoin d'une France forte sur le nouvel échiquier mondial qui se dessine et où les Américains, pragmatiques, s'emploient à disposer des meilleures pièces. « *Leur dogme était que pour le moment, "la France avait cessé d'exister" et que jusqu'à la libération de la France métropolitaine, toute apparition d'une autorité française constituait un danger pour le futur. Ils étaient convaincus que le gaullisme amènerait avec lui une forme de dictature* », écrit Harold Macmillan dans ses Mémoires. Mais surtout Roosevelt et le département d'État désirent une Europe aux ordres. « *Après la guerre, les armements de l'Europe devaient rester concentrés entre les mains de la Grande-Bretagne, des États-Unis et de la Russie ; les puissances plus petites ne devaient rien posséder de plus dangereux que des fusils*[1] », note ainsi Anthony Eden. Les idées les plus fantasques circulent dans les cercles américains, comme créer un État nouveau, la Wallonie, constituée par les zones wallonnes de Belgique, le Luxembourg, l'Alsace-Lorraine et une partie du Nord de la France. Enfin, les empires, tant britannique que français, doivent être démantelés. « *Chez Roosevelt l'anticolonialisme était affaire de principe ; il s'y tenait d'autant plus qu'il pouvait éventuellement en tirer des avantages, et ne le réservait pas au seul empire britannique. Son espoir était de voir les anciennes possessions coloniales tomber, politiquement et économiquement, dans l'orbite des États-Unis, dès qu'elles seraient débarrassées de leurs anciens*

---

1. Anthony Eden, *op. cit.*

## Introduction

*maîtres ; il ne craignait là aucune concurrence*[1]. » Un Roosevelt qui jongle, selon lui, avec les pays d'Europe, comme « *un prestidigitateur qui eût manié prestement des boules de dynamite sans en comprendre le danger*[2] ». C'est donc moins l'éventuelle dictature de De Gaulle qui inquiète les Américains que l'obstacle, même modeste, que la France pourrait constituer à leur hégémonie.

Quand, en 1946, de Gaulle claque la porte, tout le monde est soulagé. Les Britanniques vont se désintéresser peu à peu du général, reclus à Colombey-les-Deux-Églises, pendant les douze années de sa traversée du désert. Une trentaine de dépêches à peine, anodines, lui sont consacrées par les diplomates en poste à Paris. Ceux-ci vont se persuader que sa carrière est finie. « *Je n'ai pas discerné chez lui le moindre désir de revenir au pouvoir* », note ainsi l'ambassadeur de Grande-Bretagne, Gladwyn Jebb[3], qui le rencontre deux mois avant les événements du 13 mai 1958 et son retour aux affaires (voir chapitre « De Gaulle ne reviendra pas »). Ce come-back est, pour les Britanniques, une très mauvaise nouvelle puisque leur pays, économiquement malade, doit absolument entrer dans l'Europe. S'ils espèrent un temps que de Gaulle sera balayé par les complots et autre coup d'État d'une France minée par la guerre d'Algérie, c'est encore raté. Bien au contraire, c'est la résurrection. Mais de Gaulle n'a rien oublié. Et, comme le montrent toutes les dépêches rassemblées dans la deuxième partie de ce livre, l'ambassadeur Pierson Dixon[4] ne se trompe pas quand il écrit en 1960 qu'il va falloir s'entendre avec lui, « *ce qui ne s'annonce pas facile* ».

---

1. *Ibid.*
2. *Ibid.*
3. Hubert Miles Gladwyn Jebb (1900-1996), ambassadeur de Grande-Bretagne à Paris de 1954 à 1960.
4. Pierson John Dixon (1904-1965), ambassadeur de Grande-Bretagne à Paris de 1960 à 1964.

*Introduction*

Mais il est temps de revenir au premier jour de l'épopée, ce fameux 18 juin 1940 qui aurait pu rester une date comme les autres. Quelques heures avant le fameux appel lancé au micro de la BBC, il n'était pas question que de Gaulle s'adresse aux Français. Première pluie des lourds orages qui vont s'abattre sur les relations entre le chef de la France libre et les Anglais.

# LA LÉGENDE DE JUIN

De Gaulle ne parlera pas à la BBC. Ce 18 juin 1940, le Cabinet de guerre britannique s'y oppose[1]. Que s'est-il passé ? Car comme le montre le premier document publié ici, de Gaulle a fait bonne impression lors de sa rencontre avec Churchill et dans les jours qui ont suivi, celui-ci n'a pas cessé de vanter ses qualités de battant à ses proches. Le 16 juin au soir, de Gaulle a quitté précipitamment Londres pour Bordeaux. Il a appris à son arrivée la démission de Paul Reynaud, remplacé par Pétain. Le lendemain matin il repart avec Spears pour la capitale britannique et demande immédiatement au Premier ministre de parler à la BBC. Ce 17 juin, dans le jardin ensoleillé du 10 Downing Street, Churchill, après un accueil chaleureux, donne son accord. *« Churchill obéit sans doute à l'impulsion généreuse de donner satisfaction à ce Français, fugitif et solitaire, qui demeurait fidèle à notre cause*, écrit le général Spears, présent pendant l'entretien. *Mais il pense aussi certainement que le simple fait d'une voix française, éloquente, appelant à la résistance, pouvait éveiller des échos inattendus*[2]. » En revanche, pas question qu'il parle le soir du 17. Pétain ayant demandé dans la journée à quelles conditions les pourparlers avec les Allemands pourront s'engager, les Britanniques veulent d'abord savoir si la flotte française risque de passer aux mains des Allemands, ce qui serait un coup fatal pour l'Angleterre. Sans la

---
1. Créé en décembre 1916 pendant la Première Guerre mondiale, le Cabinet de guerre était un comité formé par le gouvernement en temps de guerre. Réactivé par Neville Chamberlain le 3 septembre 1939, ses membres changèrent lorsque Churchill le remplaça comme Premier ministre, mais le Cabinet de guerre exista jusqu'en mai 1945.
2. Edward Spears, *op. cit.*

## La légende de juin

maîtrise des mers, elle n'aurait plus aucune chance de poursuivre un combat déjà désespéré.

Le 18 juin, de Gaulle rédige son texte dans l'élégant petit appartement au quatrième étage du 6 Seymour Place, en face de Hyde Park, que lui a prêté son chef de cabinet, Jean Laurent, et où il s'est installé avec son aide de camp, Geoffroy de Courcel. Il n'apprécie guère de devoir lancer son appel le jour anniversaire de Waterloo mais n'en dit mot. La matinée va se dérouler dans le recueil de l'écriture. Geoffroy de Courcel a réquisitionné une cousine, Élisabeth de Miribel, qui travaille à la mission économique dirigée par Paul Morand, pour transcrire le texte que de Gaulle est en train de rédiger. *« C'est étrangement la seule journée banale de cette période qui ne l'était, certes, pas. Comme si l'histoire avait suspendu sa marche jusqu'à 6 heures du soir pour donner plus d'importance au geste qui allait s'accomplir »*, écrit gentiment Geoffroy de Courcel[1].

En réalité, dès la réunion du Cabinet de guerre qui débute à 12 h 30, tout est remis en question. D'abord, Churchill est absent. Il prononce un important discours à la Chambre des Communes et la séance est donc dirigée par Neville Chamberlain et Lord Halifax, deux partisans de longue date de l'*appeasement* avec le régime nazi et qui ont vu, avec surprise, Churchill prendre le pouvoir le 10 mai à la suite d'une banale crise parlementaire. Ils considèrent le nouveau Premier ministre comme un adolescent brouillon et estiment dangereux son bellicisme outrancier car, comme beaucoup en ces jours sombres, ils ne pensent pas que l'Angleterre pourra tenir face aux nazis. Ayant eu connaissance du texte de De Gaulle – ce que le général niera toujours –, ils estiment également que ce n'est pas le moment de provoquer Pétain.

Pas un mot de cet épisode dans les Mémoires de De Gaulle, qui soutiendra que tout s'est passé sans heurts, thèse qui durera quand même cinquante ans tant, sous les branches de l'immense arbre du gaullisme, aucune version divergente de celle imposée par le Connétable ne pouvait s'élever. À 17 heures, Duff Cooper

---

1. Cité par Max Gallo, *1940, de l'abîme à l'espérance*, XO Éditions.

*La légende de juin*

prévient le général Spears, qui sort Churchill de sa sieste et le convainc de débloquer la situation. Le compte-rendu du Cabinet de guerre comporte donc une mention que l'on ne rencontre jamais dans les documents des archives britanniques, un astérisque en bas de page qui rectifie le compte-rendu original et convient que le général peut s'exprimer. Mais le texte doit être modifié, adouci envers le cabinet de Pétain. Et comme le conclut l'historien François Delpla au terme d'une impressionnante étude[1], en comparant l'ensemble des différentes versions de l'Appel : « *Presque partout se devine la lime du censeur.* » La journée s'achève quand le général de Gaulle, en grande tenue et gants blancs, lance son appel au micro du studio 4B de la BBC. « *À 49 ans, j'entrais dans l'aventure, comme un homme que le destin jetait hors des séries* », écrit-il dans ses Mémoires.

*

SECRET

Conclusions 159
Cabinet de guerre

Conclusions de la réunion du Cabinet de guerre tenue au 10 Downing Street SW 1, dimanche 9 juin 1940 à 19 heures. [...]

Entretien avec le général de Gaulle

Le Premier ministre a décrit une conversation qu'il a eue cet après-midi avec le général de Gaulle, lequel a été récemment nommé à un poste de confiance dans l'équipe du général Weygand[2]. Le général a donné au Premier ministre une

---
1. François Delpla, *L'Appel du 18 juin 1940*, Grasset, Paris, 2000.
2. Général Maxime Weygand (1867-1965), devenu chef des armées françaises le 17 mai 1940 en remplacement du généralissime Maurice Gamelin.

## La légende de juin

meilleure impression du moral et de la détermination des Français. Il a assuré que, grâce au retrait des effectifs de Dunkerque et aux renforts divers, trois nouvelles divisions armées seraient formées et prêtes à être mobilisées le 12 juin. Par la suite, six ou sept nouvelles divisions seront constituées afin de renforcer les réserves françaises. Il a insisté pour que l'envoi des troupes britanniques supplémentaires ait lieu le plus vite possible. Après lui avoir exposé nos plans, le Premier ministre lui a dit que le général Weygand recevrait la planification définitive par les réseaux habituels. Il lui a aussi expliqué pourquoi il nous était impossible d'engager la totalité de notre flotte aérienne en France. De Gaulle a alors répondu que pour sa part, il approuvait notre stratégie.

Le Premier ministre a également lu au Cabinet de guerre le télégramme n° 373 DIPP, dans lequel l'ambassadeur de Sa Majesté à Paris transmettait un message personnel de la part de M. Paul Reynaud. Si le message était moins sombre que les précédents, il avait surtout pour objet de réclamer un déploiement aussi rapide que possible de nos troupes et de proposer de leur fournir artillerie et armes antichars.

Le secrétaire d'État à la Guerre[1], qui a aussi rencontré le général de Gaulle, a déclaré qu'il était important d'informer les Français du programme définitif concernant les troupes que nous prévoyons d'envoyer en France. Il a ajouté qu'il était indispensable que les ministères des Approvisionnements britannique et français restent en lien étroit afin que l'équipement nécessaire soit fourni dans un esprit de coopération maximale.

Le chef d'état-major général de l'Empire britannique[2] a déclaré que le général de Gaulle avait inspecté notre division

---

1. Anthony Eden, voir l'introduction.
2. Général Sir John Dill (1881-1944).

*La légende de juin*

blindée et que selon lui, nos chars n'étaient pas suffisamment blindés. Le « Char B » français s'est révélé efficace, mais la production sera affectée par l'invasion des zones industrielles.

Le Cabinet de guerre :

A pris note des faits susmentionnés.

A invité le chef d'état-major général de l'Empire britannique à faire en sorte que l'état-major français reçoive une description et un calendrier définitifs de notre projet d'envoyer davantage de divisions en France.

*Source : CAB/65/7/54.*

*

SECRET

Conclusions 171
Cabinet de guerre

Conclusions de la réunion du Cabinet de guerre tenue au 10 Downing Street SW 1, le mardi 18 juin 1940 à 12 h 30. [...]

Le ministre de l'Information a déclaré que le général de Gaulle lui avait communiqué le texte de son appel radiodiffusé, dans lequel il souhaitait faire entendre que la France n'était pas vaincue et appeler tous les soldats français à se rallier derrière lui.

\* Le Cabinet de guerre a convenu que s'il n'a pas d'objection à faire quant au contenu de l'appel, il n'est pas souhaitable que le général de Gaulle, *persona non grata* pour l'actuel gouvernement français, parle pour l'instant à la radio tant que subsistera la possibilité que le gouvernement français agisse conformément aux intérêts de l'Alliance.

*La légende de juin*

\* Les membres du Cabinet de guerre ont donc à nouveau été consultés individuellement à ce sujet, et il a été conclu que le général de Gaulle devait être autorisé à diffuser son appel, ce qu'il a ainsi fait le soir même.

*Source* : *CAB/65/7/66.*

## SAUVEZ MME DE GAULLE !

Durant ces journées historiques où le général de Gaulle devient chef de la France libre, on oublie combien il dut être rongé par l'inquiétude au sujet de sa famille, réfugiée en Bretagne et dont il est sans nouvelles. Le document présenté ici provient des archives de la BBC et non des Archives nationales britanniques. Il s'agit du témoignage, en 2004, de P. B. Morgan, neveu de l'un des aviateurs ayant tenté d'exfiltrer Yvonne de Gaulle et ses enfants dans la nuit du 18 juin 1940 et qui y laissèrent leur vie, après le crash de leur hydravion Walrus près du petit hameau de Ploudaniel (Finistère). C'est la première incursion des services secrets britanniques en France occupée, qui sera suivie, tout au long de la guerre, de centaines d'autres.

De Gaulle évoque très peu sa famille durant ces moments terribles[1]. Sa femme Yvonne est réfugiée à Carantec, accompagnée de ses enfants, Philippe, 18 ans, Élisabeth, 16 ans, et la petite Anne, 12 ans, handicapée. Avant de partir de Bordeaux, la veille, son mari a pu *in extremis* demander à Roland de Margerie, chef du Cabinet diplomatique de Paul Reynaud, de leur faire parvenir des passeports pour qu'ils puissent le rejoindre en Angleterre. Le 17, arrivé à Londres, de Gaulle et Spears ont une discussion à leur sujet. « *En constatant que sa femme et ses enfants n'étaient pas arrivés en Angleterre comme il l'avait demandé, il fut très certainement*

---

[1]. Celui qui va le soir même lancer le cri de guerre de la France libre mentionne juste sa mère dans ses Mémoires, quand il conte son survol, la veille, depuis Bordeaux, d'une France en feu : « *Nous passâmes au-dessus de Paimpont, où se trouvait ma mère très malade. La forêt était toute fumante des dépôts de munitions qui s'y consumaient.* »

## *Sauvez Mme de Gaulle !*

*torturé. Quand il m'en parla, je lui exprimai toute ma compassion. Ma femme était également perdue au Centre de la France avec son ambulance, mais je ne lui dis pas. À dire vrai, j'éprouvais une autre appréhension, plus profonde, que je mentionnai au Premier ministre. Si Mme de Gaulle et ses enfants tombaient aux mains des Allemands, quelle pression ne pourraient-ils pas exercer sur le général et, dès lors, à quoi nous servirait un homme soumis à une telle détresse ? Si je l'avais mieux connu, j'aurais su qu'il n'y avait aucune différence. C'était cependant un risque à ne pas courir*[1]. » Une mission est donc organisée, celle que raconte en détail notre document. Mais de Gaulle « *ne dit pas un mot* » quand il apprend que l'appareil a été perdu avec tout son équipage. Et Spears d'ajouter : « *Mme de Gaulle avait [...] réussi à s'embarquer sur un des tout derniers bateaux qui partirent pour l'Angleterre. Dès son arrivée, elle téléphona à son mari.* "*Vous voilà donc arrivée ? dit-il. Prenez le train pour Londres*[2]." »

Yvonne de Gaulle est en effet parvenue à gagner Brest le 18 juin. Quand le 20, à l'aube, une deuxième mission, menée cette fois à bord d'une vedette rapide Vosper depuis Plymouth, arrive aux abords de Carantec, c'est pour constater que le village est occupé depuis la veille par les Allemands[3]. Yvonne monte sur l'un des deux derniers bateaux qui quittent le port. L'autre sera torpillé.

\*

« Le 17 juin 1940, le jour où son mari s'échappait vers l'Angleterre, Mme de Gaulle et ses enfants étaient à Carantec, sur la côte nord de Bretagne. C'est là qu'ils avaient trouvé refuge, chez une tante, après avoir quitté la maison de famille de Colombey-les-Deux-Églises un mois plus tôt. Les Allemands

---

1. Edward Spears, *op. cit.*
2. *Ibid.*
3. Sir Brooks Richards, *Flotilles secrètes, Les liaisons clandestines en France et en Afrique du Nord, 1940-1944*, Éditions Marcel-Didier Vrac, 2001.

*Sauvez Mme de Gaulle !*

progressaient rapidement vers l'Ouest de la France, et le général de Gaulle, une fois arrivé à Londres, demanda à ce que des mesures urgentes soient prises pour sauver sa famille.

« Avec l'accord de Winston Churchill, on prit alors la décision d'envoyer en avion un officier de renseignements du SOE qui parlait parfaitement français, pour mener à bien ce sauvetage. Le colonel Louis Franck devait s'en charger, mais une mission capitale l'en empêcha – persuader le roi des Belges de ne pas abandonner la lutte armée et l'emmener en Angleterre. L'officier qui remplaça le colonel Franck était mon oncle et parrain, le capitaine Norman Hope.

« Employé avant la guerre par BP, il avait vécu à Saigon, Indochine française à l'époque, et parlait donc couramment français. Tout le monde sait que Mme de Gaulle et ses enfants s'échappèrent en bateau de Brest le 18 juin. Le jour suivant, les Allemands achevaient leur conquête de la Bretagne. Pendant plus de quarante ans, personne ne sut ce qui était arrivé à ceux qui étaient à bord de l'avion.

« Dans son journal, mon père écrivit laconiquement : *"17 juin. Norman Hope s'est envolé pour la France dans le cadre d'une mission spéciale, et on n'a reçu aucune nouvelle de lui depuis."* Un peu plus tard, un réfugié français rapporta la montre de Norman et quelques autres effets personnels. En février 1941, mon père notait : *"Le War Office a annoncé à Marjorie qu'on tenait maintenant Norman pour mort, tué en France le 17 (sic) juin 1940."* Marjorie était la femme de Norman et ma tante. Elle ne parla jamais de lui à mon frère, à mon cousin ou à moi, mais lorsqu'elle mourut en 1982, elle laissa des instructions pour que l'annonce de sa mort contienne les mots suivants : *"Veuve de Norman Hope, chevalier de la Légion d'honneur."* Et elle reçut la médaille. Vu les circonstances, il était trop tard pour que ma tante nous apprenne quoi que ce soit. Mais nous avions besoin de trouver quelqu'un capable de nous en dire plus sur les dernières heures de Norman.

*Sauvez Mme de Gaulle !*

« Grâce à un petit nombre de contacts personnels importants, incluant le colonel Franck, mon cousin fut mis en contact avec le Flight lieutenant Kevin Baff, l'historien du 10ᵉ escadron de la Royal Australian Air Force (RAAF). Le vol l'avait particulièrement intéressé parce que deux membres de l'équipage avaient été les premières victimes des forces aériennes australiennes. Kevin Baff avait cette persévérance du véritable chercheur, et à la fin des années 70, il était peu à peu parvenu à reconstituer l'histoire. Voici donc ce qu'il s'était passé.

« Le 17 juin, Norman, suivant les ordres qu'il avait reçus, partit pour une base navale près de Plymouth, et fut dirigé vers un Supermarine Walrus, un avion amphibie dont l'équipage comptait trois personnes, le Flight lieutenant John Bell, le sergent Charles Harris de la RAAF et le capitaine Bernard Nowell de la RAF. La mission de ce vol était tenue si secrète que personne à la base ne savait vers quelle destination l'appareil s'envolait. Le briefing de Norman ne s'adressa qu'à l'équipage. Ils décollèrent vers 3 heures du matin le 18 juin, espérant atteindre Carantec aux premières lueurs du jour. Ils croisèrent la côte bretonne à environ 20 kilomètres à l'ouest de Carantec, et il semblerait que les Allemands ou les Français leur aient tiré dessus. Touché, le pilote tenta d'atterrir dans un champ près de Ploudaniel, à quelque 18 kilomètres dans les terres, quand l'avion heurta une digue basse et prit feu, tuant les quatre hommes.

« Heureusement, Mme de Gaulle ne sut rien de cette tentative de sauvetage. Si elle avait attendu à Carantec, elle aurait bien pu être capturée, ce qui aurait entraîné de très graves conséquences (et encore c'est un euphémisme). Elle trouva une voiture qu'elle conduisit jusqu'à Brest, accompagnée de ses enfants. Ils furent retardés en chemin par une panne mécanique. Si elle ne s'était pas produite, ils se seraient embarqués à bord d'un bateau qui, plus tard dans la journée, fut coulé dans le Channel, ne laissant que très peu de survivants. Au lieu de quoi, ils prirent place dans le dernier bateau à partir de Brest avant l'arrivée des Allemands.

*Sauvez Mme de Gaulle !*

« Dans le champ près de Ploudaniel, un certain nombre de gens se rassemblèrent à l'endroit du crash, et les corps de mon oncle et des membres de l'équipage furent prudemment dégagés de l'appareil carbonisé, et enterrés dans le cimetière de la ville. Tout cela, alors même que la Wehrmacht était prête à leur tomber dessus. Après la guerre, la War Graves Commission installa des pierres tombales sur les tombes, et les habitants de la ville continuèrent de célébrer la mémoire de ces quatre victimes de guerre, le jour des Morts (le 2 novembre) et lors d'autres cérémonies commémoratives.

« Mon cousin, mon frère et moi sommes sûrs que ma tante ne s'est jamais rendue sur la tombe. Nous supposons que la War Graves Commission a dû l'informer que son mari avait été enterré à Ploudaniel. Toute cette histoire est symptomatique d'un mystère familial dont nous ne démêlerons probablement jamais tous les fils. Malgré tout, après de longs préparatifs, nous pûmes visiter la tombe en 2003 et nous approcher autant que possible du site du crash : grâce à des contacts dans la région, Kevin Baff avait conclu que l'agencement du champ avait substantiellement changé. Nous étions très émus d'être là, et nous priâmes à la mémoire de Norman et de l'équipage du Walrus.

« Il reste pourtant une dernière incertitude pour laquelle nous recherchons de l'aide. Il s'agit de la Légion d'honneur attribuée à Norman Hope. La médaille existe, mais le Bureau central des archives militaires en France affirme qu'aucune citation n'est enregistrée. Quelqu'un pourrait-il nous aider à éclairer cette partie d'une histoire qui demeure partiellement mystérieuse ? »

P. B. Morgan

*Source : http://www.bbc.co.uk/history/ww2peopleswar/stories/32/a2304532.shtml.*

## LA KERMESSE DE DAKAR

On trouvera peu d'exemples, dans l'histoire militaire, d'une opération si ambitieuse et si mal préparée. Dans les documents présentés ici, les responsables britanniques de l'expédition menée à la fin du mois de septembre 1940 afin de prendre Dakar expliquent les raisons de leur échec retentissant. Pour eux, la politique ne doit pas primer sur la réalité militaire. Si Churchill a poussé le haut commandement à lancer l'opération « Menace », c'est avant tout parce qu'il cherche une victoire, un môle pour raffermir le moral des Britanniques bombardés par la Luftwaffe et qui voient les désastres s'enchaîner d'un bout à l'autre de l'empire. Il le fait aussi pour de Gaulle, devenu son grand ami depuis sa réaction mesurée et compréhensive après la destruction d'une partie de la flotte française à Mers el-Kébir[1]. Churchill, depuis deux mois, n'a pas ménagé son aide aux Français libres même si ces derniers se sont vite révélés exaspérants pour les négociateurs britanniques chargés d'organiser matériellement leur situation inédite. Churchill n'en a cure. De Gaulle est l'ami de l'Angleterre, il l'invite à Chequers, la résidence de

---

1. Le 3 juillet 1940, la flotte britannique bombarde et détruit une partie de la flotte française au mouillage de Mers el-Kébir, dans le golfe d'Oran (Algérie). Les Britanniques avaient laissé le choix à l'amiral Marcel Gensoul, commandant l'escadre française de Méditerranée : continuer le combat à leurs côtés, aller faire désarmer la flotte dans les ports britanniques ou bien rejoindre les Antilles. « *À la place des Anglais, j'aurais fait ce qu'ils ont fait* », dira le général de Gaulle à Alain Peyrefitte en mai 1959. Pour de Gaulle, « *celui qui avait tort, c'est cet imbécile de Gensoul* ». Il aurait pu mettre ses navires à l'abri à Fort-de-France ou, une fois en mer, « *faire ce qu'il aurait voulu* ».

## La kermesse de Dakar

campagne du comté de Buckinghamshire mise à disposition du Premier ministre en exercice, où les deux hommes s'éblouissent mutuellement lors de longues conversations.

Pour de Gaulle, qui avait proposé le plan Scipion, une prise de Dakar par la terre, l'offre de Churchill d'un débarquement direct, supposant un ralliement rapide des forces vichystes, est une aubaine. Prendre une base aussi importante serait un coup d'éclat pour la France libre. Mais les ennuis vont s'accumuler et le corps expéditionnaire ne parviendra pas à se rendre maître de la base militaire vichyste tenue d'une main de fer par le gouverneur Boisson. « *Tout devra se dérouler dans une atmosphère de kermesse*[1] », avait dit aux chefs d'état-major un Churchill exalté et persuadé qu'à la vue de ce qui devait être une imposante armada, les forces de Vichy passeraient dans le camp de la France libre avec armes et bagages. Mais quand l'escadre se présente, le 23 septembre, c'est un brouillard tenace qui pèse sur la baie. Après deux jours de combats, tout se finit par la retraite piteuse du convoi, dont la presse internationale se moquera de longues semaines. De Gaulle qui, à bord du *Westernland*, demande la fin des combats a droit à un bel hommage des commandants en chef britanniques, « *très admiratifs de son courage tranquille* ». Le général Spears, à ses côtés sur le navire, ne dira pas autre chose dans ses Mémoires. « *Tous les Anglais présents apprécièrent la générosité de cet homme qui avait perdu tant d'espoir dans la brume de Dakar, mais se montrait désireux d'assumer sa part, et plus que sa part, de responsabilité dans l'échec.* » Bien sûr, de Gaulle est mortifié et avouera même, plus tard, qu'il a pensé dans ces instants au suicide[2]. « *À Dakar, lorsque, après l'échec, je me suis retrouvé sur mon bateau, seul, dans la moiteur, eh bien j'ai, moi aussi, été effleuré par cette idée*[3] », dira-t-il à Philippe Dechartre le 29 mai 1968, un autre jour d'abîme...

---

1. François Kersaudy, *De Gaulle et Churchill*, Tempus, 2003.
2. Christine Clerc, *Tout est fichu ! Les coups de blues du général*, Albin Michel, 2014.
3. Éric Roussel, *Charles de Gaulle*, Gallimard, 2002.

*La kermesse de Dakar*

\*

Secret

Le sous-secrétaire d'État à la Guerre
Le War Office
Londres

J'ai l'honneur de vous faire le compte-rendu dans le document ci-joint des opérations connues sous le nom de « Menace », visant à implanter à Dakar le général de Gaulle et ses Forces françaises libres, avec le soutien de la marine britannique et de ses forces militaires.

Je tiens à souligner tout d'abord que bien que le plan militaire ait souffert de nombreuses faiblesses – faiblesses dont les commandants avaient conscience et dont ils ont su tirer le meilleur parti en temps voulu –, les chefs militaires les assumaient entièrement, puisque l'on savait que la réussite de cette opération imaginée par le Premier ministre et le général de Gaulle serait extrêmement bénéfique en termes politiques comme stratégiques. Je n'ai pas l'intention de justifier mes actes ou de m'excuser de quelque façon que ce soit pour m'être embarqué dans une telle opération et avoir envoyé des soldats dans une expédition dont les chances de réussite étaient minces, compte tenu des risques que comportait la situation.

Il faut néanmoins voir que si les faiblesses du plan devaient s'avérer fatales, cette expédition viendrait s'ajouter à la longue liste des échecs survenant quand on soumet les nécessités militaires à des fins politiques, et quand on continue de faire fi des leçons du passé.

Les faiblesses du plan militaire étaient les suivantes :

a) Manque d'informations et renseignements douteux.

b) Espérer que les navires neutraliseraient les bases militaires attaquées.

c) Se convaincre de la validité de facteurs imprévisibles, par exemple parier sur le moral des troupes.

d) Découlant directement des constatations ci-dessus, l'organisation précipitée d'une expédition déjà compliquée par le fait que les unités et l'équipement disponibles avaient été alloués pour une autre opération, à laquelle ils participaient parfois déjà.

Dans la dernière partie, je proposerai un résumé des leçons à tirer et des recommandations pour l'avenir, mais dans cette lettre d'introduction, je voudrais insister sur le fait que j'avais entièrement conscience des risques que comportait la mission sur le plan militaire. J'ai estimé l'importance de nos forces par rapport aux renseignements, à l'équipement et au temps qui m'étaient impartis, et bien que la situation se soit avérée hautement risquée, je suis heureux de pouvoir dire que dans les circonstances de l'expédition, les forces militaires que je dirigeais ont été capables de mener à bien leur mission, quand la seule autre alternative aurait été une opération militaire de grande envergure pour prendre Dakar, opération qui aurait dû être dépourvue de tout facteur douteux, politique ou psychologique.

J'ai le plaisir de déclarer que le vice-amiral Cunningham et moi-même avons pris d'un commun accord chacune des décisions nécessaires.

Le chef d'état-major<br>7 octobre 1940

*

*La kermesse de Dakar*

L'OPÉRATION

[...] Il est difficile de clairement déterminer quelles ont été les causes et les conséquences des opérations confuses de l'après-midi mais j'en suis arrivé à la conclusion que, si on avait été mieux informé du plan des Français libres et s'il avait été mis à exécution à 15 h 30 comme prévu, il est vraisemblable que les contre-torpilleurs auraient pu apporter leur soutien et que des débarquements mineurs auraient pu avoir lieu, tout comme on peut être sûr que toute tentative de débarquement en force aurait échoué et que les troupes des Français libres n'étaient ni organisées, ni préparées à faire face à une telle résistance.

Compte tenu de la visibilité réduite, face aux destroyers de patrouille Fantasque, il aurait été extrêmement risqué d'ordonner aux troupes britanniques de s'approcher de la côte. Un épais brouillard nous a aussi évité d'essuyer le même échec que les Français, ce qui n'aurait pas manqué d'arriver si les troupes britanniques avaient débarqué la même nuit, et ce même si on avait été prêts à affronter les forts militaires et les croiseurs positionnés derrière nous.

Pendant la nuit, le général de Gaulle a reconnu que la tentative des Français libres avait échoué et qu'on était à présent en situation « Nasty[1] ». Là-dessus, le vice-amiral Cunningham a envoyé un message radio, lançant l'ultimatum des commandants en chef, ultimatum qui expirerait le lendemain, 24 septembre, à 6 heures. À 4 heures, le commandant de Dakar répondait : « La France m'a confié Dakar. Je défendrai la ville jusqu'au bout. »

Le premier jour de l'opération nous a coûté cher – le *HMS Cumberland* était hors d'état de marche, deux destroyers

---

1. Trois cas de figure sont prévus : « Happy », « Sticky » et « Nasty », le plus mauvais, dans lequel la réception est hostile et la forteresse doit être attaquée par la marine et les troupes embarquées.

avaient été légèrement endommagés, et l'un des sous-marins français touché.

Les forces de la marine et de l'aviation britanniques sont retournées attaquer les forts militaires le 24 septembre, quand elles ont eu un meilleur champ de visibilité (1 kilomètre). L'attaque a duré jusqu'à 13 h 30 environ, sans interruption. Les forts militaires ne paraissaient pas endommagés, le cuirassé faisait feu avec au moins une tourelle de 380 mm[1] et du côté des navires français, deux croiseurs et deux destroyers, sans compter les bateaux de défense locaux, semblaient indemnes bien qu'on ait tiré sur les bases comme sur les vaisseaux. Un sous-marin français a été coulé, et son équipage fait prisonnier. La bataille aérienne s'est intensifiée et nous avons perdu plusieurs avions.

Le vice-amiral Cunningham et moi-même en avons conclu que, compte tenu de la résistance qu'on nous opposait, il était hors de question de faire débarquer qui que ce soit. Nous nous sommes donc mis hors d'atteinte et retirés plus au sud afin de discuter de la situation avec le général de Gaulle, sans cesser d'échanger avec l'amirauté.

Vers 16 heures, le général de Gaulle, accompagné par le major général Spears, s'est embarqué sur la vedette après qu'on lui eut exposé la situation. En réponse de quoi, le général de Gaulle a exigé que l'opération soit abandonnée et que les commandants en chef avertissent Dakar, en spécifiant que l'ordre venait bien du général de Gaulle qui voulait éviter une nouvelle effusion de sang.

Je souhaiterais souligner ici que le général de Gaulle s'est comporté de façon remarquable à la conférence organisée sur le *HMS Barham*, toujours prêt à formuler des propositions

---

1. Il s'agit du cuirassé *Richelieu*, construit à partir de 1935, l'un des navires les plus puissants au monde avec ses deux tourelles quadruples abritant des canons de 380 mm.

*La kermesse de Dakar*

constructives, acceptant bravement la situation en dépit de cette grave déception. Le vice-amiral Cunningham et moi-même avons été très admiratifs de son courage tranquille et de la façon dont cet homme parvenait à garder la tête froide et l'esprit si clair.

*Source : CAB 106/771 Dakar : report on the expedition to install General de Gaulle and his Free French Forces in Dakar 1940 Sept., by Major-General N. M. S. Irwin.*

## LES AUTRES FRANÇAIS LIBRES

On le sait peu mais il y eut des dizaines de Français, de par le monde, à apporter leur soutien à la France libre. Les archives britanniques ont gardé des traces de cette aide – parfois modeste – à travers une série de dépêches provenant des ambassades britanniques et transmettant ces dons, parfois même en nature. Le 27 novembre 1940, c'est le secrétaire de la légation française à La Havane, Philippe Grousset, qui s'adresse à celle de Grande-Bretagne pour transmettre au général de Gaulle un chèque de 200 000 dollars. Le 7 décembre, le docteur Antoine P. Lemos, consul français honoraire à Chio, petite île de la mer Égée, envoie 5 000 drachmes qu'il accompagne d'une lettre poignante, publiée ici. Le 13 janvier 1941, un Français dont le nom n'est pas mentionné joint le consulat général britannique à New York. Il dispose, à Londres, de 300 000 dollars en pièces d'or et cherche un arrangement avec le Trésor britannique pour en céder 75 % au général de Gaulle. À partir du 12 décembre 1940, l'ambassade britannique à Tokyo échange une série de messages avec le Foreign Office au sujet des dons récoltés par L. Vignes, le représentant du mouvement du général de Gaulle au Japon. 695 yens. 10 livres, c'est ce que donne – en demandant un reçu –, Paul Hermet, un physicien français de Bangkok au « Comité des Forces françaises libres. » En octobre, au Costa Rica, Suzanne Lujah, la femme du ministre de la Santé publique, française de naissance, s'est présentée au chargé d'affaires britannique. Elle dirige un comité de femmes qui souhaiterait transférer les 100 000 dollars qu'elles ont collectés, leur première contribution, afin de venir en aide aux réfugiés français en Grande-Bretagne. Elle propose de les donner au général de Gaulle ou à toute autre institution charitable sous son

*Les autres Français libres*

patronage. Les dons viennent aussi de Rio (Robert Claverie), de Malaga, en Espagne – un chèque de 200 000 pesetas (43,60 livres) pour équiper les combattants français. Eugène Orsini, vice-consul à Mayaguez (Porto Rico), *« connu comme gaulliste »*, souhaite envoyer 250 sacs de café et de sucre aux Forces françaises libres, mais comment faire ? Et est-ce nécessaire ? L'envoi sera accepté avec gratitude. 200 dollars sont envoyés par le Comité français de Bolivie, 95 dollars donnés par trois ressortissants français en Inde. À São Paulo, Mme de Reinert envoie 500 dollars et propose de prendre la tête d'une association en faveur des Français libres. En Suisse, c'est un Français, Jules Metzger, ancien officier, qui cède ses actions de deux mines sud-africaines pour les mettre à disposition de ses *« camarades du mouvement de De Gaulle »*.

\*

Copy

Agence consulaire de France à Chio
République française, Chio, le 27 octobre 1940

Docteur Antoine P. Lemos
À Son Excellence le ministre de Grande-Bretagne

Excellence,

Je suis un médecin grec, né à Oinoussai (île habitée par des marins). En outre, à Chio, je représente la France comme agent consulaire.

Ce 25 octobre, je vous ai envoyé 5 000 drachmes par la Banque ionienne, destinées aux soldats français du général de Gaulle, qui, conscients de l'honneur de leur patrie et des obligations qui les lient à l'Angleterre, poursuivent la lutte aux côtés des Anglais, malgré les ordres de Vichy.

*Les autres Français libres*

Par la même occasion, permettez-moi, Excellence, de vous exprimer ma profonde admiration pour la nation anglaise tout entière ; hommes et femmes qui se sacrifient pour la sauvegarde et la gloire de leur pays.

Je m'incline tout particulièrement devant le génie surhumain du chef de la nation britannique, Son Excellence M. Winston Churchill, tant pour ses forces psychiques et son courage que pour la fermeté de sa politique ; aussi je suis persuadé que, très prochainement, il lui sera décerné le titre de Libérateur du monde des hordes du bandit Hitler et de son complice, le faquin Mussolini. Pour ma part, je ferai tout ce qui est en mon pouvoir pour le triomphe de la Grèce, de la France et de la Grande-Bretagne.

Veuillez agréer, Excellence, mes respectueux hommages.

A. P. Lemos

*Source : FO 371/28188 Gifts of money to General de Gaulle and the Free French Forces.*

## LA RUPTURE

Il aura fallu moins d'un an pour que les relations entre Churchill et de Gaulle s'acheminent vers la rupture, comme en témoigne le compte-rendu de cette conversation tendue entre les deux hommes en septembre 1941, au sujet de la Syrie et du Liban. L'aventure commune vers la victoire continuera mais de tous les déboires avec les Britanniques qui jalonneront encore la route de De Gaulle, l'épisode syrien sera celui qui laissera les traces les plus profondes. En mars 1958, quelques semaines avant son retour au pouvoir, le futur président de la République l'évoquera encore devant l'ambassadeur de Grande-Bretagne[1].

La mansuétude des Britanniques envers l'administration vichyste au Levant a, durant de longs mois, exaspéré le général. Non seulement ses partisans sont enfermés dans les geôles françaises mais le Levant n'est pas soumis au blocus britannique. Les Anglais prennent bien soin de ménager le régime de Vichy, toujours à cause de sa flotte qu'ils redoutent de voir passer dans le camp de l'Axe mais surtout parce qu'ils ne désespèrent pas de s'entendre un jour avec lui. Churchill rêve ainsi d'un Weygand levant le drapeau de la révolte en Afrique du Nord, ce que celui-ci refusera toujours de faire. Après l'échec de Dakar, en octobre 1940, Churchill a reçu un envoyé de Vichy, le professeur Léon Rougier, et de Gaulle n'a pas vu d'un bon œil ces discussions se prolonger avec le représentant officieux d'un régime qu'il estime totalement discrédité.

Les relations avec les Britanniques vont ensuite se tendre avec l'arrestation de l'amiral Muselier, chef des Forces navales françaises

---
1. Voir chapitre « De Gaulle ne reviendra pas ».

## La rupture

libres (FNFL) par les services de sécurité britanniques. Accusé par Churchill – qui voudra dans un premier temps le faire pendre avant de s'excuser de son erreur – d'avoir laissé fuiter des informations sur l'opération de Dakar, l'arrestation du pittoresque amiral[1] s'avérera être une mauvaise manipulation des services secrets britanniques infiltrés au sein de la France libre. Autant d'événements qui ont bien chauffé le terrain pour la confrontation définitive entre les deux hommes.

De Gaulle a très vite compris que, contrairement au Tchad, au Cameroun ou au Congo en août 1940, le Levant ne se rallierait pas. La Syrie et le Liban sont des territoires qu'il connaît bien. En 1929, il est parti avec toute sa famille vers *« cet Orient compliqué*[2] *»* et, durant deux ans, il a été chef des 2e et 3e Bureaux (renseignements et opérations) dans ce territoire qui est l'un des grands sujets de friction avec les Britanniques. Quant au proconsul de Vichy, le général Dentz, il a déclaré son hostilité aux menées de la France libre. C'est un fidèle qui se battra si les maigres troupes de De Gaulle et celles, plus considérables, des Britanniques décident d'attaquer. Ce que de Gaulle n'a eu de cesse de demander aux Britanniques, qui renâclent à lancer une offensive qui pourtant les rendrait maîtres de ce territoire hautement stratégique.

Tout change quand, en Irak, une rébellion appuyée par les Allemands est déclenchée contre les forces britanniques. L'amiral Darlan[3] met aussitôt à la disposition de la Luftwaffe les aéroports syriens d'où elle pourra décoller pour aller bombarder les Anglais. Vichy a choisi son camp, les tergiversations britanniques mettent encore du temps à cesser mais l'offensive franco-britannique au Levant débute le 8 juin 1941. Les combats

---

1. Amiral Émile Muselier (1882-1965), premier officier général à rejoindre de Gaulle le 30 juin 1940. Le 24 décembre 1941, sur son ordre, il s'empare de Saint-Pierre-et-Miquelon, à la grande fureur des Américains. La brouille vient vite avec le chef de la France libre, qui lui retire son commandement, contre l'avis des Britanniques, qui n'étaient pas mécontents de voir ce drôle d'amiral s'opposer à de Gaulle.
2. Charles de Gaulle, *Mémoires de guerre*, op. cit.
3. Amiral François Darlan (1881-1942). Chef de la marine française, ministre de la Marine du gouvernement Pétain puis chef du gouvernement, il est assassiné le 24 décembre 1942 à Alger.

## La rupture

sont âpres, causant près de 5 000 morts de part et d'autre. Le 14 juillet, les troupes du général Dentz annoncent leur reddition mais les Français libres sont tenus à l'écart des négociations. De Gaulle y voit la volonté des Britanniques de supplanter la France au Levant.

Furieux, de Gaulle décide alors de donner, depuis Brazzaville, une interview au *Chicago Daily News*, dans laquelle il maltraite les Britanniques et fait des offres de services aux Américains. Churchill est stupéfait de cette attitude même si de nombreux membres de son entourage lui ont fait comprendre la maladresse de sa politique au Levant. Le Premier ministre s'en moque et choisit de mettre de Gaulle à l'isolement. *« Le Premier ministre a conclu que le général de Gaulle devait mijoter dans son propre jus pendant une semaine si nécessaire*[1] *»*, décide-t-il le 30 août 1941[2].

Deux semaines plus tard, le 16 septembre, c'est donc la rencontre entre les deux hommes. Le ton de Churchill est sévère. Le mot « fasciste », éternelle accusation des Anglo-Saxons, est lâché par le Premier ministre contre le chef de la France libre. Mais dans ce document, on peut lire quelque chose d'inhabituel, voire d'exceptionnel. De Gaulle s'excuse, et platement, de son attitude. Mais il la justifie avec talent tout comme celle, parfois arrogante, des Français libres envers les Britanniques. Ce sont *« des gens difficiles ; autrement, ils ne seraient pas là où ils sont »*.

\*

---

1. TNA : PRO FO 371/28545, « Activities of General de Gaulle and his attitude towards the British ».
2. Cet épisode est raconté en détail dans François Malye et Kathryn Hadley, *Dans le secret des archives britanniques, l'histoire de France vue par les Anglais*, Calmann-Lévy, 2012.

*La rupture*

Ce document est la propriété exclusive
du gouvernement de Sa Majesté britannique

*Imprimé pour le Cabinet de guerre, août 1942*

Top secret
16 septembre 1941

À placer sous clés
Document confidentiel à conserver avec précaution
Cabinet de guerre

Rapport de l'entretien du Premier ministre
avec le général de Gaulle au 10 Downing Street
le vendredi 12 septembre 1941, à midi

Rapport transmis au Cabinet de guerre à la demande du Premier ministre.

Étaient présents :
Le Très Honorable Winston S. Churchill, M.P.
Général Charles de Gaulle
Secrétaire : Capitaine C. M. Berkeley, Bureau du Cabinet de guerre.

1. La position du général de Gaulle vis-à-vis de la Grande-Bretagne.

Le Premier ministre dit avoir été le témoin, à son plus grand chagrin, de la dégradation de l'attitude du général de Gaulle vis-à-vis du gouvernement de Sa Majesté. Aujourd'hui, il n'a plus l'impression d'avoir affaire à un ami. Il a reçu une lettre du général de Gaulle au sujet d'une récente interview donnée à la presse. Évidemment, l'opinion de quelqu'un qui compte a davantage de chances d'être manipulée par les journalistes. Mais même en laissant cela de côté, de nombreuses

*La rupture*

sources ont confirmé au Premier ministre que le général de Gaulle avait tenu au cours de ses récents voyages des propos anti-Anglais. Dans les circonstances actuelles, cette attitude est des plus graves et le Premier ministre a été extrêmement peiné par toutes les informations qui lui sont parvenues.

Le général de Gaulle affirme qu'il est impossible de voir en lui un ennemi de la Grande-Bretagne. Sa position et ses dernières actions parlent pour lui. Il se doit néanmoins d'être honnête en disant que les événements récents, surtout en Syrie, l'ont profondément déstabilisé et fait douter des intentions des autorités britanniques vis-à-vis de sa personne et du mouvement de la France libre. S'ajoutant aux grandes difficultés posées par sa position personnelle, à son isolement, sans compter son caractère particulier, ces événements l'ont amené à tenir des propos qui ont sans aucun doute dû écorcher les oreilles britanniques. Il souhaite s'excuser platement pour toutes les déclarations qu'il a pu faire.

2. Syrie.

Le Premier ministre dit qu'il a eu le plus grand mal, avant l'arrivée de Gaulle en Égypte, à convaincre toutes les personnes concernées que le général de Gaulle avait toute sa confiance et qu'elles devraient collaborer avec lui. On avait tout fait pour faciliter la tâche au général de Gaulle.

Du côté britannique, des erreurs ont évidemment été commises en matière de relations, et il peut aisément croire que le général de Gaulle se soit heurté à des obstacles. Dans une certaine mesure, de tels problèmes sont inévitables, mais le général de Gaulle sait qu'il peut consulter le Premier ministre quand il le souhaite, et qu'on s'efforcera toujours de trouver une solution. Au lieu de quoi, le général de Gaulle s'est montré de plus en plus hostile, et n'a jamais essayé de contacter le Premier ministre.

*La rupture*

Le général de Gaulle rappelle au Premier ministre son message du 28 juin, dans lequel il déclarait que toute intervention en Syrie entraînerait de fâcheuses conséquences pour les Forces françaises libres. En arrivant en Syrie, il s'est vite rendu compte que de nombreuses autorités britanniques n'avaient aucune idée du statut du mouvement des Français libres. Il s'est retrouvé entouré de personnalités politiques et militaires qui, de toute évidence, ne faisaient rien d'autre que de minimiser le rôle de la France libre en Syrie. Ses représentants ont enduré d'innombrables humiliations, et les accords qu'il a conclus avec le ministre d'État, apparemment avec une satisfaction réciproque, sont restés lettre morte pendant deux longues semaines.

En temps normal, de telles difficultés entre deux pays seraient réglées très rapidement par leurs ambassadeurs. À un moment où la France est brisée et humiliée, ses efforts pour la défendre seront vains s'il est traité de cette façon-là.

Le Premier ministre explique la position de la Grande-Bretagne vis-à-vis de la Syrie. La Grande-Bretagne ne nourrit aucune ambition pour ce pays, et ne souhaite absolument pas y supplanter la France. Mettre Hitler en déroute est son seul but, là-bas comme partout, et rien ne doit se mettre en travers de cet objectif. La Syrie constitue une entité importante du monde arabe et l'une des positions militaires clés pour défendre l'Égypte. Nous ne pouvons pas admettre que les événements se répètent en Syrie, événements dont les répercussions pourraient mettre en danger nos armées mobilisées dans les territoires limitrophes. Ainsi, nous nous devons de contrôler la Syrie pour garantir la victoire des Alliés. Gagner la guerre, insiste le Premier ministre, est le seul et unique objectif qui nous a amenés là-bas.

Pour sécuriser nos positions dans le monde arabe, nous avons évidemment besoin de confier aux Syriens nombre des fonctions que la France y exerçait auparavant. La position

## La rupture

de la France vis-à-vis de la Syrie après la guerre sera différente de celle d'avant-guerre, non pas parce que la Grande-Bretagne se sera attribué les pouvoirs que la France exerçait avant, mais parce que la France aura volontairement transféré une grande partie de ces pouvoirs aux Syriens. Cela constitue un point essentiel. Les Arabes ne voient pas pourquoi ils nous aideraient à nous débarrasser des Français de Vichy, si c'est pour ensuite être placés sous la domination des Français libres. Ils veulent leur indépendance, et on la leur a promise.

Une fois de plus, la Grande-Bretagne ne cherche pas égoïstement à tirer avantage de la situation et n'a aucune visée impérialiste en Syrie. Elle reconnaît le rôle primordial qu'a exercé la France par le passé en Syrie, où elle devrait demeurer le pays européen le plus influent après la guerre, bien que de nombreux pouvoirs auront été confiés aux Syriens. Le seul but des Britanniques – il en va de même pour Djibouti que pour la Syrie – est de poursuivre la guerre et pour cela, nous ne tolérerons aucun débordement qui compliquerait notre mission, nous ferait perdre du temps, des forces, voire des vies.

Le général de Gaulle nie avoir jamais suspecté les Britanniques de vouloir s'approprier la Syrie. Bien que la France et la Grande-Bretagne aient des politiques différentes vis-à-vis du monde arabe, que ce soit en Syrie ou autre part, il ne saurait qu'approuver les principes énoncés par le Premier ministre, car après tout, il a lui-même promis leur indépendance aux Syriens.

De la même façon, il a toujours admis que les Britanniques devraient avoir le dernier mot au sujet des questions de contrôle militaire. Ce principe, énoncé dans les accords du 7 août 1940, a été confirmé par ses récentes négociations avec le ministre d'État et a été scrupuleusement respecté – bien que les autorités britanniques en Syrie aient refusé de reconnaître aux Français libres l'autorité générale que leur conférait le haut commandement, faisant preuve d'un manque d'esprit de coopération.

Il ne s'agit pas d'une question de principe – sur laquelle tout le monde était tombé d'accord – mais d'une question de méthode, qui a coûté aux Français libres de constantes et inutiles humiliations en Syrie.

Le Premier ministre dit qu'il aurait honte de déployer la puissance britannique, si importante en Syrie, à toute autre fin que celle de provoquer la défaite de Hitler. Néanmoins, pour y parvenir et pour assurer un certain niveau de sécurité, il n'hésiterait pas à lancer contre quiconque toutes les forces que nous possédons, sachant qu'il servirait la cause commune.

Le général de Gaulle dit qu'il est tout à fait bon et naturel de savoir que les forces britanniques – dont il ne conteste pas l'écrasante supériorité sur celles des Français libres en Syrie – seront utilisées chaque fois qu'elles permettront de contribuer à la défaite de notre ennemi commun.

Le Premier ministre dit que la situation semble s'être apaisée en Syrie et que les relations entre le général Catroux et les autorités militaires britanniques vont à présent pour le mieux.

Il souhaite néanmoins souligner une nouvelle fois que le commandement britannique ne saurait accepter d'être exposé à des dangers qu'on pouvait éviter, comme des émeutes locales susceptibles de s'étendre aux territoires limitrophes. De plus, on se doit de gérer la situation politique en Syrie de façon à donner satisfaction aux Arabes. Il poursuit en brossant un tableau du tour que pourraient prendre les événements au Moyen-Orient, et donne au général de Gaulle une estimation des forces immenses que nous sommes en train d'implanter dans cette zone. Le gouvernement britannique

## La rupture

est déterminé à se maintenir dans une position qui lui permettra de lancer la totalité de ses forces contre l'ennemi au moment propice, sans avoir à les détourner pour protéger les territoires où nous sommes basés. Rien ne doit entraver la poursuite de la guerre, et ce principe constitue la pierre angulaire de la politique britannique en ce qui concerne la Syrie.

Le général de Gaulle dit qu'il est entièrement d'accord avec tout ce qu'a dit le Premier ministre. Les Français libres tiendront les promesses faites aux Arabes et joueront leur rôle dans les campagnes à venir, en mettant toutes leurs ressources du côté des armées britanniques.

Le Premier ministre assure au général de Gaulle qu'il sait combien il est capital pour la cause commune de traiter le mouvement des Français libres en Syrie de cette façon-là, afin de montrer à la nation française que le général de Gaulle est bien le gardien des intérêts de la France en Syrie, et que ces intérêts y sont bien plus importants que ceux des autres pays européens. Pour renforcer la position du général de Gaulle en France, il gardera particulièrement à l'esprit l'image du général comme défenseur des liens historiques qui unissent la France et la Syrie.

Le général de Gaulle dit que les informations dont il dispose montrent bien que les Français ont compris la nécessité de la campagne syrienne, et que cette prise de conscience n'a pas fait naître de sentiment anti-Britanniques ou anti-Français.

Le Premier ministre dit qu'il a pris soin d'empêcher que les événements en Syrie n'affectent la popularité du général de Gaulle aux yeux des Français. La politique britannique n'a en aucun cas pour but de minimiser la contribution des Français libres à la campagne syrienne.

*La rupture*

Le général de Gaulle dit qu'il espère que le Premier ministre a eu vent, ainsi que d'autres rapports de moindre importance, de l'admiration profonde et sincère pour les forces impériales britanniques qu'il n'a cessé d'exprimer au cours des dernières semaines.

3. Djibouti.

Le Premier ministre aborde ensuite la question de Djibouti. Il prend le cas hypothétique où le gouverneur accepterait de se rendre aux Britanniques mais pas aux Français libres, ou qu'il ne se rende qu'à la condition que le territoire ne soit pas ensuite laissé entre les mains des Français libres. Le territoire est à présent complètement maîtrisé, mais la résistance passive pourrait continuer encore quelques mois. Si le gouverneur soumettait de telles conditions, le général de Gaulle souhaiterait-il poursuivre ce conflit quelque peu gênant, ou serait-il prêt à accepter les termes de l'accord, assurant ainsi aux Alliés le contrôle de cet important territoire pour le restant de la guerre ?

Le général de Gaulle dit qu'il attache peu d'importance à la forme que prendra la capitulation. Il se pourrait bien que pour des raisons de prestige, le gouvernement de Vichy impose des conditions telles que celles mentionnées par le Premier ministre. Selon lui, on ne devrait pas prendre ces conditions trop au sérieux et il est capital d'éviter de donner à l'ennemi une excuse pour prétendre, comme cela a été le cas pour la Syrie, que l'avidité britannique a une fois de plus prévalu sur la cause de la France libre. Sous réserve de cette condition, il attache très peu d'importance aux termes exacts. Il demande, malgré tout, que les détails de l'administration du territoire postcapitulation soient réglés en avance par un accord entre les autorités françaises et britanniques.

*La rupture*

En pratique, les termes de la capitulation devraient laisser libre le gouvernement de Sa Majesté de mettre en place l'administration du territoire telle qu'il la juge nécessaire.

4. Le mouvement des Français libres.

LE PREMIER MINISTRE soulève ensuite la question du leadership du mouvement des Français libres. Il est parvenu à la conclusion qu'il serait dans l'intérêt des Français libres de créer un conseil officiel, qui aurait son mot à dire dans l'élaboration de la politique de ce mouvement que le général de Gaulle dirige en tant que leader reconnu par tous les citoyens français libres.

LE GÉNÉRAL DE GAULLE est d'accord pour dire qu'il serait avantageux d'avoir un corps semblable à un gouvernement. Il a déjà beaucoup réfléchi à cette question, mais s'est heurté à quelques difficultés. Un conseil tel que le Premier ministre l'imagine ne serait véritablement efficace que s'il était constitué de représentants. De tels représentants seront difficiles à trouver, au vu de la profonde révolution actuellement en cours en France. De plus, le mouvement des Français libres a trouvé un écho au sein du peuple français surtout parce qu'il a réussi à faire l'unanimité. On est parvenu à cette unanimité en écartant la politique et en fondant tout le mouvement sur la poursuite de la lutte contre un ennemi commun. La création d'un conseil représentatif mettrait inévitablement en jeu des facteurs politiques susceptibles de menacer l'unanimité du mouvement. Néanmoins, il ne manquera pas de réfléchir sérieusement à la question. Il est déjà en train d'examiner la possibilité d'organiser, au début de l'année prochaine, un sommet qui rassemblerait tous les représentants des territoires ralliés au mouvement. Une forme de *Conseil de gouvernement*\*

---

\* Les mots et expressions en italique suivis d'un astérisque sont en français dans le texte.

pourrait peut-être naître de ce congrès, ce qui fournirait une base démocratique au mouvement.

Le Premier ministre dit qu'il a en tête un double objectif : encourager les partisans du général de Gaulle en France, et donc ne rien entreprendre qui pourrait affaiblir la popularité du général de Gaulle et entacher sa position de champion d'une résistance acharnée contre l'ennemi ; en même temps, améliorer les relations entre le gouvernement de Sa Majesté et le mouvement des Français libres en leur donnant des bases plus importantes. Il pense que la création d'un conseil qui échangerait ensuite avec le gouvernement de Sa Majesté pourrait grandement servir ce second objectif. Il est heureux d'apprendre que le général de Gaulle considérera avec attention ce projet.

En conclusion, le Premier ministre demande au général de Gaulle de bien se rendre compte combien il est important de ne laisser personne suspecter qu'il nourrisse des sentiments hostiles vis-à-vis de la Grande-Bretagne, ou qu'il pourrait même avoir de telles pensées. Il souhaite insister sur ce point-là, car certaines personnalités britanniques devinent déjà chez le général de Gaulle une telle attitude, allant même jusqu'à penser qu'il a des points de vue fascistes, ce qui ne saurait servir la collaboration à notre cause commune.

Le général de Gaulle dit qu'il accorde la plus grande importance au conseil que vient de lui donner le Premier ministre. Il ne pense pas qu'on puisse véritablement l'accuser d'avoir une position autoritaire, à la lumière de ses récentes déclarations et de celles qu'il projette de faire. Il supplie le Premier ministre de bien vouloir comprendre que les leaders et membres du mouvement des Français libres sont d'une certaine manière des gens difficiles ; autrement, ils ne seraient pas là où ils sont. Si cet aspect difficile semble parfois déteindre sur leur attitude envers leur plus grand allié, dans

*La rupture*

le cas des actions quotidiennes et des déclarations, il peut être assuré de leur totale fidélité envers la Grande-Bretagne.

Le Premier ministre dit qu'il serait heureux de revoir le général de Gaulle plus tard si celui-ci le souhaite. Si le ministre d'État rentre au pays, un entretien *à trois*[*] serait le bienvenu.

16 septembre 1941

*Source : CAB 66/18/44. Record of a meeting between the Prime Minister and General de Gaulle at No.10 Downing Street on Friday, September 12, 1941, at 12 Noon.*

## L'AMI D'ALBION

Sans Anthony Eden, ministre des Affaires étrangères[1] et bras droit de Winston Churchill pendant toute la durée du second conflit mondial, le combat du chef de la France libre aurait sans doute été bien plus difficile. « *Ce diplomate, entièrement dévoué aux intérêts de son pays, ne méprisait pas ceux des autres et restait soucieux de morale internationale au milieu des brutalités cyniques de son temps*[2]. » Ce brevet d'honnêteté, de Gaulle l'a décerné à bien peu de ses soutiens britanniques. Diplomate plus francophile que gaulliste, Anthony Eden le soutiendra à plusieurs reprises, cherchant à temporiser les coups de sang de Churchill, aligné sur le froid constat du président Roosevelt selon lequel de Gaulle n'est qu'un militaire fasciste, aux ambitions de dictateur.

Ce document très favorable à de Gaulle, Anthony Eden le fait circuler au sein du Cabinet de guerre britannique au tout début du mois de juin 1942. La France libre est au creux de la vague depuis l'affaire syrienne (voir chapitre précédent), son recrutement s'est tari et les récents sujets de mécontentement s'accumulent : de Gaulle a brutalement écarté l'amiral Muselier, que les Britanniques soutenaient, du commandement des Forces navales françaises libres (FNFL) et a fait des ouvertures du côté de Moscou. Les Anglais, eux, ont débarqué à Madagascar, « la grande île », tenue par les forces de Vichy, sans le tenir informé, ce qui a provoqué sa fureur. Si l'on ajoute la maladie – une crise aiguë de paludisme à la mi-avril –, de Gaulle n'est pas au mieux de sa forme. Ses relations avec Churchill

---
1. Voir l'introduction. Il est alors secrétaire d'État des Affaires étrangères et du Commonwealth, équivalent de notre ministre des Affaires étrangères.
2. Charles de Gaulles, *Mémoires de guerres*, *Ibid*.

sont exécrables et si elles s'amélioreront parfois, ce sera grâce à des hommes comme Anthony Eden ou Duff Cooper.

Dans ce mémorandum, le ministre britannique des Affaires étrangères s'attache à démontrer que la méfiance de la plupart des membres du cabinet britannique envers de Gaulle n'a pas lieu d'être. D'abord, de Gaulle peut compter sur de nombreux soutiens en France occupée, particulièrement au sein des syndicats et des partis politiques, c'est-à-dire parmi les démocrates. Le rassemblement de la Résistance, initié par Jean Moulin parachuté en France six mois plus tôt, est aussi un succès. Enfin, Eden doit désamorcer l'opposition de certains Français exilés qui sape l'œuvre de la France libre. De Gaulle vient d'ailleurs d'échouer à rallier le plus prestigieux d'entre eux, Alexis Léger, ancien secrétaire général du Quai d'Orsay et futur prix Nobel de littérature, réfugié aux États-Unis. Intellectuels, diplomates, hommes politiques, l'influence de ces hommes sur les décideurs britanniques et américains est très toxique pour de Gaulle. Enfin, le but d'Eden est de démentir « *l'allégation récurrente selon laquelle le général de Gaulle est fasciste* » et d'établir qu'il est le seul symbole du combat en France occupée : « *La résistance aux Allemands est synonyme de gaullisme.* »

*

*Imprimé pour le Cabinet de guerre. Juin 1942.*

Secret

Copie n° 29
1ᵉʳ juin 1942
Cabinet de guerre

Le général de Gaulle et l'opinion française

Mémorandum du secrétaire d'État aux Affaires étrangères

1. J'ai été impressionné par les témoignages récents du large soutien dont bénéficie le général de Gaulle en France occupée.

*L'ami d'Albion*

2. À l'occasion du 1ᵉʳ Mai, un message des syndicats français adressé aux travailleurs du monde libre et en particulier à ceux de Grande-Bretagne, d'Amérique et de Russie a été envoyé à la Fédération syndicale internationale. Il s'agissait du premier message de ce genre envoyé de France depuis la capitulation. En voici la conclusion : « Notre pays est toujours en guerre. Notre représentant, le représentant du peuple de France – le général de Gaulle –, combat aux côtés des Alliés. Son armée est certes encore petite, mais des forces colossales, emprisonnées, le soutiennent en France. Des forces que l'ennemi ne sera peut-être pas toujours capable de maintenir enchaînées. »

3. D'autres sources m'ont confirmé que le message ci-dessus exprime bien le sentiment de ceux qui continuent de résister aux Allemands en France occupée. Mes informateurs, qui font partie des cercles français de gauche et qui sont en relation étroite avec les syndicats français, les syndicalistes chrétiens et la section militante du Parti socialiste, affirment qu'en France occupée, la résistance aux Allemands est synonyme de gaullisme, que le général de Gaulle est le leader reconnu de la résistance française et que le peuple de France ne comprendrait pas que l'on distingue gaullisme et résistance aux Allemands.

4. Selon mes informateurs, il n'existe que deux autres éléments en France : le pétainisme et le communisme. Le pétainisme vit ses derniers jours : il ne reste que peu de partisans de Pétain parmi ceux qui ont choisi de ne pas collaborer. Depuis l'entrée en guerre de la Russie, par contre, les communistes prospèrent, et on compte à présent environ 100 000 militants communistes.

5. Il est probable que quelques leaders de la résistance française viennent à Londres rejoindre le Comité de libération

nationale. Nous faisons ce qui est en notre pouvoir pour encourager et aider ce développement.

6. Mes informateurs parlent en termes très sévères des *émigrés*[*] français à Londres et aux États-Unis qui, sans être inactifs, n'ont pas rejoint les Forces françaises libres. À Londres, les noms de MM. Comert[1] (éditeur de *France*), Labarthe[2] (éditeur de *La France libre*) et Cambon[3] sont prononcés avec un certain mépris, surtout celui de M. Labarthe. Parmi les Français en Amérique, c'est M. Chautemps[4] qui se fait le plus maltraiter, mais on entend également dire que si les États-Unis ou nous-mêmes venions à soutenir Pierre Cot[5], cela aurait des conséquences désastreuses en France. Mes informateurs disent tous que l'ancienne équipe de politiciens n'aura plus de poste à l'avenir et que des hommes nouveaux doivent prendre les rênes du pouvoir.

7. Selon eux, le général de Gaulle doit accompagner les Alliés lors du débarquement en France, rallier immédiatement Paris et promettre aux Français de pourvoir à leur ravitaillement et de mettre en place une administration compétente. Ils

---

1. Pierre Comert (1880-1964), diplomate, quitte la France le 17 juin 1940. Il fonde à Londres le quotidien *France* qui, durant toute la durée de la guerre, s'opposera à de Gaulle, considéré comme un militaire conservateur, désireux de s'approprier le pouvoir.
2. André Labarthe (1902-1967), personnage exubérant, sympathisant du Parti communiste, a rejoint Londres où, un temps, il sert la France libre. Il fonde le journal *La France libre*, financé par les Anglais, revue intellectuelle de haut vol qui se distingue par son antigaullisme virulent.
3. Roger Cambon (1881-1970), diplomate, ministre plénipotentiaire de France à Londres. Il prend en charge l'ambassade de France dans la capitale britannique le 23 juin 1940 avant d'en démissionner quelques jours plus tard. Partisan de la continuation du combat, il s'oppose lui aussi à de Gaulle.
4. Camille Chautemps (1885-1963), ministre du Front populaire, de Paul Reynaud puis du maréchal Pétain jusqu'en juillet 1940 et son départ à Washington.
5. Pierre Cot (1895-1977), ministre de l'Air en 1934, il rejoint de Gaulle qui, le trouvant trop marqué à gauche, le laisse partir aux États-Unis.

*L'ami d'Albion*

affirment que c'est la seule manière d'éviter une guerre civile en France et d'empêcher les communistes de s'emparer du pouvoir. Il n'est pas nécessaire que le général de Gaulle parte avec le Comité de libération nationale, car ce Comité compte peu pour les Français. Ainsi, introduire du sang neuf français dans le comité ne le renforcerait pas à proprement parler, mais permettrait d'établir une influence saine en France occupée afin de pondérer celle du général de Gaulle. La France occupée constitue la ligne de front contre les Allemands alors que Londres représente les lignes arrière.

8. Le général de Gaulle a fait un discours devant les leaders des organisations de la gauche française. D'après mes sources, ils étaient satisfaits.

9. Mes collègues trouveront sans doute l'information mentionnée ci-dessus utile, eu égard à l'allégation récurrente selon laquelle le général de Gaulle serait fasciste. Il faut prendre du recul, car ces échos proviennent d'enthousiastes qui risquent leur vie pour libérer la France des Allemands. Mais nous pouvons au moins en déduire que le général de Gaulle bénéficie du soutien des principales organisations qui ont réussi à survivre en France occupée et qui continuent de résister aux Allemands de toutes les manières imaginables.

A. E.
Foreign Office, 1er juin 1942

*Source :* *CAB/66/25/13.*

## LA HAINE DE L'ARGENT

Quand de Gaulle a-t-il décidé de partir pour Londres afin de continuer le combat ? Parmi d'autres révélations, on trouve d'abord la réponse à cette question capitale dans cet autre rapport d'Anthony Eden, daté du 14 juillet 1942, d'une conversation tenue par le chef de la France libre onze jours plus tôt, au cours d'un dîner restreint offert par les autorités britanniques au Comité national français à Londres. « *C'était lors d'une rencontre entre Paul Reynaud et le Premier ministre, le 11 ou le 13 juin [1940], à Tours*[1]. *Reynaud était accompagné de Baudouin*[2], *et les remarques de celui-ci donnèrent au général sa première impression de trahison. Il prit donc sa décision.* »

Mais c'est surtout de la France et de ses hommes politiques que de Gaulle brosse un portrait saisissant. Il regrette que les Poincaré et Clemenceau n'aient pas laissé à la France d'héritiers à leur taille. Parmi eux, un seul émerge, Georges Mandel[3], auquel il a prédit un grand avenir. Sans doute se souvient-il de la conversation qu'il eut le 15 juin 1940 au soir avec le ministre de l'Intérieur, et qui décida de son départ vers la Grande-Bretagne. « *Nous ne sommes qu'au début de la guerre mondiale. Vous aurez de grands devoirs à accomplir, général ! Mais avec l'avantage d'être,*

---

1. C'est le 13 juin 1940 que se tient, à Tours, la dernière réunion entre les gouvernements français et britannique, faisant suite à plusieurs conférences qui ont débuté le 11 juin au château du Muguet, non loin de Briare (Loiret).
2. Paul Baudouin (1894-1964), secrétaire du Cabinet de guerre français, partisan de l'armistice.
3. Georges Mandel (1885-1944), chef de cabinet de Georges Clemenceau en 1917. Plusieurs fois ministre, il est nommé en urgence ministre de l'Intérieur en mai 1940.

## La haine de l'argent

*au milieu de nous tous, un homme intact. Ne pensez qu'à ce qui doit être fait pour la France et songez que, le cas échéant, votre fonction actuelle pourra vous faciliter les choses. »* « *C'est à cela qu'a peut-être tenu, physiquement parlant, ce que j'ai pu faire par la suite* », ajoutera de Gaulle. Malheureusement, parce qu'il est juif et ne veut pas donner l'impression qu'il fuit, Mandel est resté en France. Emprisonné, il est assassiné par la Milice le 7 juillet 1944. Quant à Laval[1], de Gaulle le compare à Talleyrand.

Mais le plus passionnant est l'analyse que livre le chef de la France libre de la droite française. Cette vision gaulliste sépare la petite noblesse de campagne – « *et j'en suis !* » précise-t-il –, fidèle au pays, et les classes aisées, *« pourries par la richesse »*, prêtes à tout, composées de *« nantis [...] ouvertement hostiles à l'émancipation des classes ouvrières »*. Nul doute qu'en évoquant ces dernières, de Gaulle se décerne un brevet de conduite vis-à-vis des accusations récurrentes des Alliés d'être entouré d'extrémistes de droite et d'en être lui-même un, peu sensible à la condition des masses ouvrières.

Enfin, il est rare qu'un homme politique évoque l'argent avec tant de haine. Le jeune de Gaulle a été élevé dans son mépris – même si un sou est un sou – et d'ailleurs, les Français se souviennent encore des nombreuses anecdotes vantant sa probité. Sur le plan politique, l'argent est également tabou : « *Mon seul adversaire, celui de la France, n'a aucunement cessé d'être l'argent* », déclare-t-il à André Malraux en 1969. Un argent qui peut également corrompre. « *Je n'aime pas les communistes parce qu'ils sont communistes, je n'aime pas les socialistes parce qu'ils ne sont pas socialistes, et je n'aime pas les miens parce qu'ils aiment trop l'argent* », ajoutera-t-il. Enfin, il rassure les Britanniques, avec lesquels les relations, en cet été 1942, ont à peine été réchauffées par la première victoire des Français libres à Bir Hakeim, un mois plus tôt. Ils resteront les meilleurs alliés de la France car, à terme, « *les Américains deviendront trop fatigants et les Russes trop inquiétants* ».

---

1. Pierre Laval (1883-1945), avocat, plusieurs fois président du Conseil sous la IIIe République, personnalité la plus importante du régime du maréchal Pétain, fusillé le 15 octobre 1945.

*La haine de l'argent*

\*

Ce document est la propriété du gouvernement de Sa Majesté britannique

*Imprimé pour le Cabinet de guerre, juillet 1942*

Secret

Copie n° 29
14 juillet 1942
Cabinet de guerre

Vues du général de Gaulle

Mémorandum du secrétaire d'État aux Affaires étrangères

Je pense que mes collègues apprécieront le compte-rendu ci-joint des remarques énoncées par le général de Gaulle le 3 juillet, lors du dîner informel donné en son honneur par les représentants britanniques au Comité national français.

E.
Foreign Office
14 juillet 1942

Le général a déclaré que, si les partis et le système parlementaire en France n'étaient sans doute ni moins bons ni meilleurs en 1939 qu'en 1914, la qualité des hommes d'État du pays avait connu un réel déclin. Les Poincaré, les Briand, les Millerand et les Clemenceau étaient d'une trempe bien supérieure à celle des Daladier, des Blum et des Reynaud. Il pense que, de tous les politiciens d'avant-guerre, Mandel sera appelé à jouer un rôle essentiel dans la reconstruction de la France, mais qu'il n'est pas l'égal de Clemenceau, car ses racines dans le sol français ne sont pas aussi profondes. Le général a ajouté : « *Lors de la dernière guerre, nous avions la chance d'avoir un Clemenceau ; pour cette guerre-ci, vous avez la chance d'avoir un Churchill – vous ne vous rendez pas compte de votre chance.* » À propos de la division entre la droite et la gauche françaises, le général a expliqué qu'il y avait deux sortes de droites : la « *petite noblesse de campagne* » et les classes aisées. La première (« *et j'en suis* », a-t-il dit), inspirée par le patriotisme du plus haut niveau, est prête à tous les sacrifices pour la gloire de la France ou pour le bon gouvernement du pays. La majorité du clergé appartient à cette catégorie. La seconde, celle des nantis, se montre beaucoup plus égoïste et ouvertement hostile à l'émancipation des classes ouvrières. Le général a confirmé que les aristocrates parisiennes, la tête du peloton (les comtesses de Noailles, les Nina de Polignac, les princesses de Faucigny-Lucinge, ces dames nobles qui sont les maîtresses d'Abetz ou de Darlan et qui donnent des réceptions pour accueillir leurs conquérants adorés), sont semblables aux industriels fortunés : pourries par la richesse.

À propos de ce que pensent les Français de la Grande-Bretagne, le général a déclaré qu'après la chute de la France, on craignait que l'Angleterre connaisse le même sort. Par conséquent, il y avait presque un sentiment de pitié pour cet avenir malheureux. Mais après la bataille d'Angleterre, une vague d'« *anglophilie* » a parcouru le pays, et même les affaires de Mers el-Kébir et de Dakar n'y ont pas changé grand-chose. Puis la Russie est entrée en guerre, suivie des États-Unis, et ces pays reçoivent à présent une part égale de la sympathie française. Toutefois, le général ne doute pas que l'Angleterre restera l'alliée favorite de la France, « *car les Américains deviendront trop fatigants et les Russes trop inquiétants* ».

*La haine de l'argent*

Interrogé sur le sujet, le général de Gaulle a répondu qu'il pensait que Laval avait beaucoup en commun avec Talleyrand. Lorsqu'il a été suggéré que le nombre de royalistes en France ne dépassait pas les 5 %, il a approuvé, mais non sans ajouter que le comte de Paris avait laissé passer une belle occasion en renonçant à prendre la tête des Français qui voulaient poursuivre la lutte.

Lorsqu'on lui a demandé à quel moment il avait décidé de poursuivre le combat depuis notre pays, le général a déclaré que c'était lors d'une rencontre entre Paul Reynaud et le Premier ministre, le 11 ou le 13 juin, à Tours. Reynaud était accompagné de Baudouin, et les remarques de celui-ci donnèrent pour la première fois l'impression au général qu'on les trahissait. Il prit donc sa décision. Lorsqu'on lui a demandé si le général Spears avait influencé cette décision, le général de Gaulle a répondu avec conviction : « *Absolument pas.* »

À propos de la guerre dans son ensemble, le général a dit qu'il pensait que ce serait une erreur de créer un nouveau front en France cette année. Même s'il est vrai que les Français sont très impatients et qu'ils seraient en mesure d'apporter une aide considérable aux troupes parachutées, une tentative avortée de s'introduire en France aurait des conséquences fatales. Les Allemands n'hésiteraient pas à abandonner sur-le-champ leurs ambitions russes et à ramener en urgence environ 100 divisions pour protéger leurs conquêtes françaises.

À propos de la Libye, le général a déclaré que la bataille qui fait actuellement rage est d'une importance cruciale, mais non vitale. Une bataille de chars contre chars ressemblerait à une bataille de cavalerie : un côté en difficulté peut se dérober, mais si une artillerie antichar est supérieure à l'autre, le problème devient alors plus sérieux. Rommel fait partie de ces généraux allemands qui croient en *l'armée de*

*La haine de l'argent*

*qualité*\*, une petite unité *d'élite* parfaitement entraînée qui peut défaire l'ennemi au début de la bataille et ainsi préparer le terrain pour d'autres troupes de capacités moyennes. Rommel est l'exemple type de cette école.

*Source : CAB/66/26/25.*

## « TORCH »

Faut-il prévenir de Gaulle de l'opération « Torch », le débarquement en Afrique du Nord ? Pour les Américains, il n'en est pas question. Dès l'été 1942, ces derniers souhaitent d'ailleurs que les Britanniques rompent avec la France libre. Et tant pis pour l'opinion française. *« Si de Gaulle rentrait en France avec les armées d'occupation, et établissait un gouvernement provisoire, personne ne pourrait l'en déloger »*, explique Summer Welles[1] à Richard Law, sous-secrétaire parlementaire d'Anthony Eden. Pourtant, Eden a fait valoir à Churchill que dans le cadre de cette première opération militaire alliée d'envergure, de Gaulle peut apporter *« un nom sonore et glorieux[2] »* et éviter que l'armée de Vichy ne tire sur les Alliés lors du débarquement qui doit avoir lieu le 8 novembre. Harold Macmillan ne dit pas autre chose en estimant qu'*« en deux ans de lutte, [de Gaulle] avait acquis un prestige et une autorité qui dépassaient de beaucoup ce qui eût semblé possible lorsqu'il arriva à Londres, fugitif et exilé, pendant les journées cruciales de juin 1940[3] »*. Churchill envoie donc à Roosevelt, trois jours avant l'opération, un télégramme proposant d'informer de Gaulle la veille du débarquement. Refus excédé du président Roosevelt, qui a son propre candidat pour la France : le général Giraud, capturé durant la campagne de France et qui

---

1. Benjamin Summer Welles (1892-1961), sous-secrétaire d'État aux Affaires étrangères de 1937 à 1943, un des principaux conseillers de Franklin Delano Roosevelt.
2. Anthony Eden, *op. cit.*
3. Harold Macmillan, *op. cit.*

s'est évadé le 17 avril 1942 de la forteresse de Königstein, près de Dresde, grâce à l'opération mûrie par les services secrets britanniques et américains.

Quand il est réveillé à 6 heures du matin par le général Billotte[1] qui lui annonce la nouvelle, de Gaulle éclate : « *Eh bien, j'espère que les gens de Vichy vont les jeter à la mer. On ne pénètre pas en France par effraction*[2]. » Mais cette fois, comme l'écrit son biographe Éric Roussel, « *il fera preuve d'un sens politique supérieur*[3] ». Il joue la carte de l'homme blessé dans son honneur et s'il reçoit froidement l'envoyé de Churchill, Charles Peake, celui-ci, à l'issue de l'entretien, estime « *qu'il n'a pas trouvé l'ambiance aussi mauvaise qu'il le craignait*[4] ». Lors du déjeuner avec Churchill et Eden, de Gaulle se retrouve en position de force. « *Je me suis fait du souci à propos de De Gaulle, car on ne lui avait parlé de rien*, écrit Harold Nicholson[5], sous-secrétaire d'État à l'Information dans son *Journal des années tragiques*. *On m'a dit que tout d'abord, il s'était senti "profondément mortifié". Mais son humeur a changé. Il fut prié à déjeuner par Winston. Il quitta Downing Street tout sourire et ensuite accepta de souhaiter, par radio, bienvenue à Giraud.* » « *Il s'est montré raisonnable, et moins blessé que d'habitude* », note Eden. Les ambitions « *dévorantes* »[6] de Giraud qui se font déjà jour doivent tranquilliser le chef de la France libre. « *Le général Giraud avait tout le charme qui manquait au général de Gaulle mais il n'avait rien d'autre*[7] », note Duff Cooper. De Gaulle ne mettra que quelques mois à l'évincer, malgré le soutien de Washington, et pourra ainsi continuer sa

---

1. Général Pierre Billotte (1906-1992), chef d'état-major du général de Gaulle.
2. Pierre Billotte, *Le Temps des Armes*, Plon, 1972.
3. Éric Roussel, *op. cit.*
4. Il figure même, en tête du document publié ici, une mention manuscrite anonyme : « *Not so bad !* » (« Pas si mal ! »)
5. Harold Nicholson (1886-1968), diplomate, nommé sous-secrétaire d'État à l'Information par Winston Churchill. Il a laissé des Mémoires : *Journal des années tragiques*, Grasset, 1971.
6. Anthony Eden, *op. cit.*
7. Duff Cooper, *op. cit.*

« *Torch* »

route vers le pouvoir, depuis le premier territoire français libéré par les Alliés.

*

Du Foreign Office à Washington
N° 6793
5 novembre 1942. 15 h 05
URGENT
SECRET

Ce qui suit a été envoyé au président par le Premier ministre le 5 novembre.

Personnel et secret. N° 185

À un moment donné, il me sera nécessaire d'expliquer l'opération « Torch » à de Gaulle, à J - 1, quand nous serons certains que la météo est bonne. Vous vous souviendrez que j'ai échangé avec lui des lettres solennelles en 1940, le reconnaissant comme chef des Français libres. Je suis convaincu que nous pouvons faire confiance à son honneur militaire. Malgré tout, je prendrai toutes les précautions nécessaires.

Je lui expliquerai que je ne lui ai pas parlé de « Torch » parce qu'il s'agit d'une entreprise américaine et d'un secret américain, et que si lui et ses amis ne sont pas au courant, ce n'est pas par faute de vouloir son succès et celui de son mouvement, mais à cause des complications locales de la zone « Torch » et de la nécessité de minimiser autant que possible les combats. Je suis en train de prendre des dispositions pour le laisser annoncer vendredi la nomination du général Legentilhomme au poste de gouverneur général de

« *Torch* »

Madagascar[1]. Nous lui avons gardé cela comme lot de consolation. Ce sera une preuve que nous ne voulons pas renverser les Français libres. Quant à ses relations avec Giraud, j'aurais tendance à penser qu'ils uniront leurs forces politiquement, bien que je ne sache pas encore très bien comment. J'espère que vous approuverez mes propositions.

\*

De Washington au Foreign Office
N° 6812
6 novembre 1942. 11 h 50
Urgent
Secret

En réponse à votre message n° 185 du 5 novembre, je m'inquiète beaucoup des répercussions défavorables que pourrait avoir l'intervention de De Gaulle dans l'opération « Torch » sur nos efforts prometteurs pour rallier les Forces africaines françaises à notre expédition.

En conséquence de quoi il me semble peu recommandable que vous donniez à de Gaulle la moindre information au sujet de « Torch » tant que nous n'avons pas réussi à débarquer. Vous l'informerez ensuite qu'avec mon consentement, le commandant américain de l'expédition américaine insistait pour garder la mission entièrement secrète, par mesure de sécurité.

---

1. Le 5 mai 1942, à la grande colère du général de Gaulle, est lancée, sans qu'il en soit averti, l'opération « Ironclad ». Le corps expéditionnaire britannique débarque autour du grand port de l'île, Diego Suarez. Face à eux, les troupes de Vichy opposent une vigoureuse résistance qui dure près de six mois, jusqu'à leur reddition en novembre.

« *Torch* »

De Gaulle annonçant vendredi la nomination du gouverneur général de Madagascar n'aidera en rien « Torch » et pour le moment, ses partisans devraient suffire pour maintenir son prestige.

L'amiral Leahy est entièrement d'accord avec les points évoqués ci-dessus.

\*

Secrétaire d'État

M. Peake a fait un tour à Carlton Gardens et n'y a pas trouvé une ambiance aussi désagréable qu'il le craignait.

Apparemment, le général de Gaulle a d'abord été très contrarié en apprenant la nouvelle du débarquement, mais en y réfléchissant à deux fois, il est parvenu à la conclusion qu'il était de son devoir de mettre de côté ses intérêts personnels pour ne penser qu'à ceux de la France.

M. Peake est d'avis que bien que le général soit contrarié, il ne doit pas reporter son mécontentement sur les deux hommes qui l'ont pris en amitié – le Premier ministre et le secrétaire d'État.

M. Peake pense qu'un mot aimable glissé en début de réunion permettrait au général de retrouver sa bonne humeur et qu'ainsi, le déjeuner se passerait plutôt bien.

8 novembre 1942<br>A. Eden

*Source : FO/954/8A/, FO/954/16A/, Private Office Papers of Sir Anthony Eden, Earl of Avon, Secretary of State for Foreign Affairs.*

# LA GUERRE DES DE GAULLE

Il n'y avait pas qu'un de Gaulle à résister. Deux documents des archives britanniques suffisent à résumer la fibre combattante de la famille fondée par Henri de Gaulle et son épouse Jeanne Maillot. Le premier est un message téléphonique de Xavier de Gaulle[1], 56 ans, l'aîné des cinq enfants de la fratrie. Il parvient à son frère Charles, à Alger, transmis par le Foreign Office de Londres, le 11 juin 1943. Depuis Berne, dans cet appel passé deux jours plus tôt, Xavier de Gaulle informe son frère qu'il est bien arrivé en Suisse avec sa femme Armelle[2] et son jeune fils Henry, âgé de 7 ans. Après avoir été mobilisé comme officier de réserve en 1939, Xavier de Gaulle a été arrêté puis relâché en 1941, en tant qu'ancien grand blessé de guerre. L'ancien ingénieur des Mines a ensuite été nommé percepteur à Ille-sur-Têt, près de Perpignan, d'où il s'est échappé vers la Suisse au prix de grandes difficultés. Mais les nouvelles qu'il communique à son frère ne sont pas bonnes.

Pierre[3], leur frère, celui que de Gaulle surnomme « *le cadet de mes soucis* », a été arrêté à Neuilly, le 16 mars. Xavier évoque aussi dans

---

1. Xavier de Gaulle (1887-1955), ingénieur des Mines, nommé consul général de France à Genève en 1945.
2. Armelle Chevallier-Chantepie, deuxième femme de Xavier de Gaulle, qu'il a épousée le 22 décembre 1930. Sa première femme, Germaine Gourdon, dont il a eu trois enfants, est décédée d'une septicémie en 1925.
3. Pierre de Gaulle (1897-1959), diplômé de droit et de sciences économiques. Il travaille dans le secteur bancaire. Emprisonné à Fresnes, déporté à Eisenberg, libéré par les Alliés en mai 1945, il reprend son métier de banquier. Il sera l'un des compagnons de route du général au sein du parti gaulliste, le Rassemblement du peuple français (RPF).

*La guerre des de Gaulle*

son message sa propre fille Geneviève[1], 23 ans, membre du réseau de résistance du Musée de l'homme puis de Défense de la France, espérant qu'elle le rejoindra en Suisse. Elle sera arrêtée quelques semaines plus tard, le 20 juillet 1943, au cours d'un vaste coup de filet tendu dans une librairie de la rue Bonaparte, à Paris, l'une des boîtes aux lettres du réseau. Elle est emprisonnée à Fresnes puis déportée à Ravensbrück. Son jeune frère, Roger, 20 ans, que Xavier de Gaulle mentionne également dans son message, vient de rejoindre les Forces françaises libres en Angleterre après un passage par l'Espagne.

L'autre document publié ici, une note sur la situation de la famille, complète la guerre des de Gaulle. Car il y a aussi Marie-Agnès[2], la sœur, qui a déjà perdu son fils Charles, tombé au front en juin 1940 et dont les trois autres fils combattront dans la Résistance ou les Forces françaises libres. Marie-Agnès est entrée en résistance dès l'appel du 18 juin avec son mari, Alfred Cailliau. Tous deux ont été arrêtés en avril 1943 et, après avoir été emprisonnés à Fresnes, seront déportés à Bad Godesberg, annexe de Buchenwald d'où ils seront libérés par les troupes américaines en mai 1945.

\*

De : Foreign Office, Londres.
Au ministre résident, Alger.
Délivré à 17 h 20, le 11/06/1943
Reçu à 21 h 11, le 11/06/1943
Reçu de Berne, 9 juin.

SECRET

À l'attention du général de Gaulle de la part de son frère Xavier.

---

1. Geneviève de Gaulle-Anthonioz (1920-2002), présidente d'ATD Quart-Monde de 1964 à 1998.
2. Marie-Agnès de Gaulle (1889-1982). Son mari, très éprouvé par sa captivité, mourra en 1956.

*La guerre des de Gaulle*

Je suis en Suisse avec Armelle et Henry.

Depuis février, je m'efforce de convaincre la famille du risque que nous courons d'être capturés et détenus comme otages. Pierre ne m'a pas écouté et a été arrêté le 16 mars, il n'était donc plus question d'attendre davantage. Je n'ai pas pu arriver jusqu'en Espagne. Marie-Louise[1] est restée à Ille-sur-Têt. Geneviève est en Haute-Savoie, et elle essayera de venir ici si Pierre s'échappe. Je suis sûr que Roger te tient au courant de tout cela.

Aucune liberté ne nous est laissée : nous vivons ici sous des noms d'emprunt et avons interdiction de contacter des personnes privées.

Madeleine[2] espère que tu pourras l'aider à libérer son mari, auquel cas il faudra d'abord les mettre, elle et Geneviève, en sécurité. Nous serions heureux d'avoir de tes nouvelles et de celles de Roger.

Pourrais-tu s'il te plaît régler la question des finances avec le Comité français, car bien que les Suisses nous hébergent gratuitement, nous n'avons pas d'argent pour la vie de tous les jours[3].

Tous mes vœux à toi, Yvonne, Élisabeth, Anne et Roger.

*

---

1. Marie-Louise, la fille de Xavier et Armelle de Gaulle, est âgée de 10 ans. Elle rejoint son père et sa mère en Suisse le 12 juin 1943, accompagnée par sa tante et ses cousines.
2. Madeleine Delepouve (1908-1974), épouse de Pierre de Gaulle, dont il aura cinq enfants : Chantal, Olivier, Véronique, René et Alain.
3. Le général de Gaulle lui enverra 1 000 livres sterling prélevés sur sa cassette personnelle.

*La guerre des de Gaulle*

Copie

Frères et sœurs du général de Gaulle par ordre d'âge :

Xavier de Gaulle, avec sa femme en Suisse. A deux enfants en bas âge de ce second mariage.
Du premier mariage :
Geneviève, travaille à Paris dans un groupe de résistance.
Roger, École des Cadets, Ribbersford Hall, Bewdley (Worcs).

Mme Marie-Agnès Cailliau (née de Gaulle), sept enfants. Internée dans une prison de la Gestapo avec son mari, à Fresnes ou en Allemagne.
Michel, maintenant à Londres.
Henri : à Camberley.
Pierre : en Espagne.

Charles de Gaulle (le général).

Jacques de Gaulle[1] (gravement malade), vit à Grenoble.
A quatre enfants, dont François, qui est en Afrique du Nord.

Pierre de Gaulle, emprisonné soit à Neuilly (dans les environs de Paris) soit en Allemagne. Apparemment, le rapport selon lequel il se serait enfui s'avère être faux.

(Informations communiquées par Roger et Michel de Gaulle.)

11 août 1943

Source : *FO 660/171. Refugees from France : General de Gaulle and family.*

---

1. Jacques de Gaulle (1893-1946), le frère préféré de Charles de Gaulle, a été victime en 1926 d'une encéphalite dont il ne se remettra jamais.

## LE JOUR LE PLUS LONG

Il faut les imaginer, face à face, ce matin du dimanche 4 juin 1944, dans le wagon salon du train que Churchill a affrété comme quartier général, maintenant immobilisé dans la petite gare de Droyford, à proximité immédiate de Portsmouth où embarquent les troupes de la première vague d'assaut du D-Day. « *Idée fort originale, mais situation bien incommode*[1] », selon Anthony Eden qui, comme tous les collaborateurs de Churchill, se plaint de l'exiguïté de l'installation. « *Idée parfaitement absurde* », selon Duff Cooper, qui accompagne le général depuis son départ d'Alger. Le Premier ministre, lui, s'y trouve très bien, étant le seul à y disposer d'une salle de bains où il passe le plus clair de son temps.

Pour accueillir de Gaulle, Churchill, entouré du Cabinet de guerre, est descendu sur les voies, bras tendus, mais celui-ci n'a que faire de ces effusions. La conversation qui va se dérouler – et dont le compte-rendu est publié ici – est l'une des plus orageuses qu'auront les deux hommes. Il s'agit, en effet, de prévenir le chef de la France libre de l'imminence du débarquement, de l'informer des futures opérations militaires mais aussi de tenter de le réduire politiquement, conformément aux ordres d'un Roosevelt « *aveuglé par son aversion absurde et mesquine pour de Gaulle* », comme l'écrit Eden dans ses Mémoires[2].

L'autre document choisi, envoyé par Churchill deux jours plus tôt au président, expose la stratégie que compte suivre le Premier ministre lors de cette conversation. En cas de revendication sur l'organisation future de la France, « *je lui expliquerai que ce n'est pas le moment*

---
1. Anthony Eden, *op. cit.*
2. *Ibid.*

## Le jour le plus long

*de parler de territoire français, qu'on doit se concentrer sur les plages bombardées et ravagées par les obus*[1] ». Roosevelt refuse en effet que le Comité français de libération nationale[2], dirigé par de Gaulle, soit responsable de l'administration des territoires français libérés. Le président des États-Unis a même décidé que la France sera placée sous l'autorité d'un AMGOT[3], c'est-à-dire un régime d'occupation dirigé par les militaires alliés. Churchill a beau cabotiner, il obéit au président. Une position qui vaut au cabinet britannique les attaques du Parlement et de la presse, qui ne comprennent pas cet aveuglement.

Au début de l'entretien, tout se passe plutôt bien. D'un côté de la grande table au tapis vert, de Gaulle est assis entre l'ambassadeur Viénot[4] et le général Béthouard[5], Churchill étant flanqué d'Anthony Eden et de Duff Cooper. Le Premier ministre est fatigué et ému. Il vient d'apprendre que le jour du débarquement est repoussé, la météo venant de se dégrader. Après avoir exposé les préparatifs de l'opération que de Gaulle juge « *capitale et bien préparée* », on en vient, après le déjeuner servi dans le wagon attenant, à la politique. « *Je sens de Gaulle tendu, ulcéré d'être ainsi invité en spectateur et au dernier moment, sans aucune discussion préalable sur la question de l'exercice du pouvoir en France libérée* », écrit le général Béthouard dans ses Mémoires[6]. « *Il m'a fait*

---

1. François Kersaudy, *De Gaulle et Churchill*, op. cit.
2. Le Comité français de libération nationale (CFLN), créé le 3 juin 1943, est l'organe gouvernemental français rassemblant le Comité national français de Londres, dirigé par le général de Gaulle, et le Commandement civil et militaire d'Alger, dirigé par le général Giraud qui en sera bientôt écarté. Le CFLN devient, le 3 juin 1944, le Gouvernement provisoire de la République française.
3. *Allied Military Government in Occupied Territories.*
4. Pierre Viénot (1897-1944), Compagnon de la Libération, résistant, ambassadeur de la France libre.
5. Général Antoine Béthouard (1889-1982), Compagnon de la Libération, commandant des troupes françaises à Narvik en 1940. Il facilite le débarquement allié en Afrique du Nord en 1942, il est envoyé à Washington pour négocier l'équipement de l'armée française, il participe au débarquement en Provence et à la remontée vers l'Allemagne.
6. Antoine Béthouard, *Cinq Années d'espérance, Mémoires de guerre, 1939-1945*, Plon, 1968.

*Le jour le plus long*

*venir dans son train [...] comme un châtelain sonne son maître d'hôtel* », dira plus tard de Gaulle. Le ton monte. En réalité, les lignes aimables et diplomatiques conservées pour la postérité aux archives britanniques cachent mal la violente dispute qui éclate et dont le général Béthouard a laissé le témoignage.

Sur la question de l'administration des territoires occupés, de Gaulle prend à partie Ernest Bevin[1], chef du Parti travailliste : « *De Gaulle se retourne, le toise, explose. "Comment ? Voici neuf mois que nous avons envoyé des propositions ! Vous ne nous avez jamais répondu et maintenant, alors que l'attaque est imminente, vous nous prenez à la gorge ? Allez, faites la guerre avec votre fausse monnaie !" Et de répéter : "C'est la guerre, faites-la. On verra après."*[2] » Quant à Churchill, il lâche cette phrase devenue fameuse : « *Sachez-le ! Chaque fois qu'il nous faudra choisir entre l'Europe et le grand large, nous serons toujours pour le grand large. Chaque fois qu'il me faudra choisir entre vous et Roosevelt, je choisirai toujours Roosevelt !* » « *Le repas s'achève*, poursuit le général Béthouard, *et, mélancolique, Churchill lève son verre : "À de Gaulle, qui n'a jamais accepté la défaite."* En réponse, le général porte au Premier ministre britannique un toast dont la fin surprend encore : *"À l'Angleterre, à la victoire, à l'Europe."* »

\*

TOP SECRET
9 juin 1944
Cabinet de guerre, 10 Downing Street, S.W. 1, 9 juin 1944

Note du Premier ministre et du ministre de la Défense.

Mes collègues trouveront ci-joint le rapport de l'entretien du 4 juin 1944 avec le général de Gaulle.

---
1. Ernest Bevin (1881-1951), député travailliste. Il dirige le Foreign Office à partir de 1945.
2. Antoine Béthouard, *op. cit.*

*Le jour le plus long*

Rapport de la conversation du 4 juin 1944
entre le Premier ministre et le général de Gaulle

Le Premier ministre a souhaité voir le général de Gaulle pour l'informer de l'opération à venir – ce qu'il ne pouvait pas faire par télégramme. Il estime que ce serait un désastre pour l'histoire de nos deux pays si l'opération visant à libérer la France était entreprise par les forces britanniques et américaines en laissant la France dans l'ignorance. Il avait l'intention d'inviter le général peu avant le jour J. Un grand nombre de navires de toutes sortes, près de 4 000 vaisseaux, ont été rassemblés dans les ports, et les 150 000 hommes de la première vague d'assaut ont été embarqués. En raison de la météo, il a été décidé de reporter l'opération de 24 heures au moins par rapport au jour J prévu, et même probablement, en raison des intempéries, à J + 3. Quel que soit le moment où l'opération se déroulera, elle sera précédée par le parachutage de trois divisions. Mais cela est impossible à cause des intempéries actuelles, et l'assaut initial serait moins décisif sans elles. L'ennemi a mis en place de solides défenses le long de la côte nord de la France, qu'on ne peut percer, selon les autorités militaires, qu'au point le plus bas. Il a été décidé d'utiliser des dragueurs de mines dès que la nuit tombera. Mais si l'opération est retardée à J + 3, comme c'est probablement le cas, il faudra peut-être nettoyer les champs de mines en plein jour. L'opération mobilise 35 divisions plus des réserves. En France, les nœuds ferroviaires ont été bombardés – ce qui a coûté, à notre grand regret, beaucoup de vies humaines, mais empêchera les divisions ennemies de les utiliser pour contrer notre avancée.

Cet ajournement est un désastre pour nous. Des milliers de soldats ont dû rester confinés dans de petits bateaux, dans le plus grand inconfort. Ils étaient pleins d'ardeur et à présent, ils en sont réduits à attendre. Si la météo ne

*Le jour le plus long*

s'améliore pas, il est possible que cette attente dure dix ou douze jours. S'il devait y avoir davantage de retard, nous pourrions même perdre les avantages conférés par la lune, la marée, le temps et le vent. En dépit de tous ces obstacles, nous espérons pouvoir commencer à l'aube de J + 3. Après cela, les conditions ne feront qu'empirer jusqu'à J + 13, et même à ce moment-là, il n'y aura pas de lune. Cela poserait de sérieux problèmes à l'aviation, sur laquelle nous comptons beaucoup, comme le sait le général. 11 000 avions sont prêts, dont 8 000 passeront à l'action. Nous espérons que la supériorité de nos forces aériennes compensera l'insuffisance de notre infanterie. Il serait vain de passer à l'action sans leur soutien. Notre équipement ne pourrait pas être meilleur. Tous les points d'amarrage britanniques sont occupés, mais nous espérons pouvoir utiliser plus tard les ports français pour établir un trafic direct à travers l'Atlantique.

Le général de Gaulle demande à être complètement libre de télégraphier à Alger en utilisant ses propres codes secrets. Le Premier ministre espère qu'il est bien certain que tous ses codes sont sûrs. Dans la mesure où il a reconnu le général de Gaulle comme chef d'un grand empire, il pense qu'il ne peut pas lui refuser le droit de communiquer librement. En même temps, il veut être sûr que le général ne dira rien de la date ou du lieu de l'opération à ses collègues – sauf ceux présents à la réunion ; si le général le lui promet, il le croira sur parole.

LE GÉNÉRAL DE GAULLE dit qu'il doit être libre de tenir Alger au courant des opérations en Italie.

LE PREMIER MINISTRE répond que ses remarques ne valent que pour « Overlord ». Il explique ensuite les objectifs exacts de l'opération. Des forces considérables seront déployées pour s'emparer des bases militaires, ports et têtes de pont. Nombre d'entre elles partiront en bateau depuis le Royaume-Uni, mais beaucoup d'autres, plus tard, arriveront directement des États-Unis. À présent, on ne compte plus

*Le jour le plus long*

vraiment lancer les opérations avant J + 3, mais la situation sera revue toutes les 24 heures. Il a personnellement pris la responsabilité de faire confiance au général de Gaulle en lui révélant notre secret. En agissant ainsi, il a permis au général Eisenhower de se consacrer davantage aux aspects techniques de l'opération.

Le général de Gaulle remercie le Premier ministre. Il dit que l'opération est bien sûr une affaire de première importance. Il a lui-même estimé que le moment était venu de la mettre en œuvre. Bien entendu, il n'a rien su de la date choisie jusqu'à aujourd'hui, mais il pense qu'il se doit d'informer le Premier ministre qu'à Alger, les services qui écoutent les messages en français transmis par la BBC avaient noté leur augmentation et en avaient déduit que l'opération était pour bientôt.

Le Premier ministre a toujours pensé que de tels messages étaient imprudents. Nous avons nous-mêmes beaucoup investi dans la propagande et lorsque l'Armada sera vraiment partie, il a été décidé que le général Eisenhower et les dirigeants des pays dont l'ennemi peut redouter l'invasion prononcent une série d'allocutions. Il y aura, par exemple, des messages de la reine Wilhelmine[1] et du roi Haakon[2] et il espère que le général de Gaulle sera d'accord pour envoyer un tel message en France. Au départ, les déclarations devaient être prêtes pour ce soir, mais finalement, le général aura un ou deux jours de plus pour les rédiger. Il n'est pas nécessaire qu'elles soient longues, mais elles doivent être encourageantes et plonger l'ennemi dans l'incertitude.

Le général de Gaulle dit qu'il sera ravi de prononcer ces allocutions, et cela pour deux raisons. D'abord,

---
1. Wilhelmine (1880-1962), reine des Pays-Bas, réfugiée à Londres.
2. Haakon VII (1872-1957), roi de Norvège, chef du gouvernement en exil à Londres.

il considère que l'opération est capitale et bien préparée. Ensuite, il est heureux d'apprendre que le Premier ministre l'a invité dans ce pays pour l'en informer. La question du message ne posera pas de problèmes. Il suppose qu'une fois l'attaque lancée, il pourra retourner à Alger.

Le secrétaire d'État aux Affaires étrangères reconnaît que si la grande opération, imminente, a été au centre de leurs préoccupations, il pense qu'une fois lancée (ou entre-temps, compte tenu du retard), il pourrait être utile de discuter de certaines questions politiques.

Le général de Gaulle se félicite d'être en Angleterre et il remercie le Premier ministre de l'avoir invité. Il est important pour l'avenir de nos deux pays que nous soyons ensemble lorsque l'opération débutera. Pour cela, il tient à le remercier. Il ne dira rien de l'opération à personne, excepté aux collègues présents à la réunion.

Le Premier ministre, concernant les affaires politiques, correspond depuis quelque temps avec le président [Roosevelt]. Le président a d'abord voulu que le général de Gaulle vienne le rencontrer aux États-Unis, mais il ne voulait pas l'inviter officiellement. Dans ses derniers télégrammes, il paraissait moins enclin à le recevoir, en partie à cause du traitement accordé au général Giraud. Il faut se rappeler que c'est avec le général Giraud que le président a traité de l'équipement des forces françaises, et que le général Giraud n'est plus là.

Le général de Gaulle dit qu'il pense qu'à l'heure actuelle, il vaut mieux qu'il soit ici qu'à Washington.

Le Premier ministre répond que c'est vrai, tout du moins pour le début de la bataille. Deux croiseurs français y prennent part. Mais nous pourrions maintenant examiner la question de l'administration de la France libérée. Il se doit

## Le jour le plus long

d'avertir le général que dans un premier temps, seule une partie minime de la France sera libérée, avec un petit nombre de Français encore sous le feu de l'ennemi. Le président est favorable à ce que le général Marshall s'entretienne avec le général de Gaulle de toutes les affaires *militaires*, mais il a refusé par deux fois de donner son accord aux représentants des trois pays pour qu'ils parlent de politique. Le Premier ministre est libre de discuter *à deux*\*. Mais il est certain que si le général de Gaulle exprimait le souhait de rendre visite au président, il serait le bienvenu. Nous nous ferions un plaisir de transmettre un tel message et il suggère que dès que la bataille sera lancée, le général envoie son représentant à Washington pour informer le président qu'il souhaite s'y rendre. Mais le président n'a pas voulu envoyer de représentant à l'entretien actuel.

Le secrétaire d'État aux Affaires étrangères dit qu'il a des raisons de croire que, si le général désirait aller aux États-Unis, il n'était pas impossible que nous puissions nous entretenir avant et ici sur des sujets politiques, entretiens auxquels l'ambassadeur américain assisterait.

Le Premier ministre assure au général de Gaulle que, de son point de vue, la procédure suggérée par le président n'a rien d'humiliante. Lui-même a trois ou quatre fois demandé au président s'il pouvait lui rendre visite, mais le président a refusé. Il l'a pris *en camarade*\*.

Le général de Gaulle dit qu'il a renvoyé un message au président par l'intermédiaire de l'amiral Fénard, pour lui dire qu'il voudrait lui rendre visite. Il demande à être tenu informé des avancées puisque, comme il l'a compris, il est ici pour la bataille.

Le Premier ministre dit que jusqu'à présent, l'opinion publique croit qu'il est ici pour discuter du problème de l'administration, ce qui fait office de prétexte pour sa visite

## *Le jour le plus long*

– un artifice nécessaire et bienvenu. De plus, il s'est dit qu'il aurait été blessant de laisser le général dans l'ignorance au sujet de l'opération jusqu'à ce que celle-ci soit rendue publique. Le général Eisenhower abordera probablement les détails techniques avec le général de Gaulle et ses officiers. L'opération a une importance vitale pour les États-Unis, la Grande-Bretagne et la France, et il est sûr que le général comprend qu'il est primordial de la tenir secrète. Ainsi, il tient absolument à ce qu'aucun détail sur les dates, etc., ne soit télégraphié à Alger. Il a parfois l'impression qu'on ne peut pas toujours se fier aux codes secrets français.

Le général de Gaulle assure au Premier ministre qu'il ne transmettra sous aucun prétexte de telles informations à Alger.

Le secrétaire d'État aux Affaires étrangères dit que le général de Gaulle a été invité ici aujourd'hui afin qu'on l'informe des plans avant le début de la bataille. Mais nous sommes disposés à discuter d'autres problèmes.

Le Premier ministre est du même avis et dit que le président lui a demandé de rendre compte des conversations que l'on pourra avoir ici.

Le général de Gaulle dit qu'il ne voit pas d'inconvénients à ce qu'on tienne le président informé. Quant à la question principale, il se doit de dire franchement ce qu'il pense. Il est assez satisfait de l'opération, qui témoigne de l'alliance entre les États-Unis, la Grande-Bretagne et la France. Mais il a des objections à faire concernant la question pratique de l'administration des territoires. Pour lui, il y a bien longtemps que nous aurions dû conclure un accord à ce sujet, en septembre dernier plus précisément.

Le Premier ministre dit que le choix de rendre visite au président n'appartient qu'au général. Mais il le lui conseille fortement. Après tout, les États-Unis et la Grande-Bretagne sont deux grandes nations prêtes à risquer les vies de milliers d'hommes dans une opération destinée à libérer la France. Il pense que le général de Gaulle a pour devoir de tout mettre en œuvre pour lier ces nations à la France, et il serait navré pour la France si le général de Gaulle en décidait autrement. Il se doit de lui dire sans ménagement que si, après avoir tout essayé, le président se rangeait d'un côté et le Comité français national de libération de l'autre, lui, M. Churchill, prendrait sans doute parti pour le président, et qu'il n'admettrait jamais que l'amitié de l'Angleterre et des États-Unis soit troublée par des affaires françaises. Concernant l'accord des affaires civiles, on pourrait résumer l'avis du gouvernement de Sa Majesté comme suit : si le général de Gaulle veut que nous demandions au président d'accepter de lui donner les titres de propriété de la France, la réponse est non. S'il veut que nous demandions au président de convenir que le Comité français de libération nationale est le principal agent de négociations en France, la réponse est oui.

Le général de Gaulle dit qu'il comprend assez bien qu'en cas de désaccord entre les États-Unis et la France, la Grande-Bretagne choisisse de se ranger du côté des États-Unis.

Le Premier ministre dit qu'il n'a fait qu'exprimer son avis personnel, que la Chambre des Communes partageait sans doute au vu des relations subsistant au sein de la société anglo-américaine, fraternité que rien ne pourrait briser.

\*

*Le jour le plus long*

Notes sur l'entretien
entre le Premier ministre et le général de Gaulle
lors du déjeuner du 4 juin 1944

Le Premier ministre suggère qu'après la bataille, le général de Gaulle aille en Amérique s'entretenir avec le président, ou retourne à Alger, auquel cas il ne s'entretiendrait pas avec les représentants de l'Angleterre et des États-Unis, ces deux puissances qui sacrifient leurs hommes pour libérer la France, et sans l'aide de qui la France ne pourrait pas être libérée. C'est au général de Gaulle de prendre une décision. Si le général de Gaulle veut aller aux États-Unis, tant mieux. Ce sera facile à organiser. Le Premier ministre a voulu qu'il soit tenu informé de la bataille, pour ne pas risquer qu'il lui reproche de ne pas être traité comme un allié, mais il lui conseille fortement de se rendre aux États-Unis et si nous pouvions nous entretenir ici entre-temps, ce serait encore mieux. Par exemple, nous pourrions discuter de la question des billets de banque. Concernant les États-Unis, il est possible de persuader le président. Il ne s'est pas montré hostile au général à Casablanca. Il a dit au Premier ministre qu'il tenait le général pour un mystique, et qu'il l'intéressait beaucoup. Le Premier ministre pense que le général de Gaulle pourrait cohabiter agréablement avec le président. Il est vrai que le président pourrait ne plus être au pouvoir en 1945, mais pour le moment il est tout-puissant, et tout porte à croire qu'il sera réélu pour cinq ans. La France aura besoin de cette amitié, et le général se doit de la gagner, tout comme un soldat se doit de combattre l'ennemi. Mais nous ne serons pas offensés par sa décision, quelle qu'elle soit.

Le secrétaire d'État aux Affaires étrangères dit qu'il ne faut pas oublier que tout cela concerne aussi la Grande-Bretagne. Nous avons demandé pour la dernière fois

*Le jour le plus long*

au général de Gaulle d'entamer des discussions ; s'il refuse, nous ne pourrons rien faire, mais ce serait dommage.

Le ministre du Travail dit que le Labour Party lui en tiendrait rigueur.

Le général de Gaulle dit à M. Bevin que nous avons raison de lui en parler. Il a maintes fois essayé de s'entretenir avec le président. Il le lui demande depuis septembre dernier mais n'a reçu aucune réponse. Il ne voit donc pas pourquoi le Labour Party britannique lui en voudrait. La bataille est sur le point de commencer et il diffusera son appel. Cela ne pose aucun problème. Mais quant à aborder le sujet de l'administration, il est clair que le président n'a jamais voulu le recevoir et aujourd'hui on lui apprend tout à coup que la bataille est sur le point de commencer, qu'il faut discuter de tous ces sujets immédiatement, qu'il faut qu'il parte s'entretenir avec le président, etc.

Le Premier ministre dit que les Français ne sont pas encore dans la bataille. L'opération est lancée par les Britanniques et les Américains. En invitant le général, il a pensé qu'il rendait service au Comité qui, grâce au soutien britannique et américain, a pu être installé en Afrique du Nord. Il n'a pas demandé l'aide de la France, mais il veut aider les Français. Les Français n'ont pas été capables d'apporter leur aide pendant de nombreux mois. Quand nous contrôlerons quelques territoires français, nous pourrons envisager un accord sur la question de l'administration. Mais nous sommes prêts à en parler maintenant si le général le souhaite. Le président a répondu dans sa directive à la proposition française de septembre dernier. Le Premier ministre demandera au président s'il peut donner une copie au général. Il s'agit d'un document sévère, et nous n'avons pas souhaité le transmettre aux Français. De plus, il n'est pas d'accord avec ce que dit ce document.

## Le jour le plus long

Le général de Gaulle dit que si le président l'avait souhaité, il aurait pu dire à ses représentants d'Alger de le lui faire parvenir.

Le Premier ministre se réfère ensuite au discours de M. Hull, qui est plus favorable au général de Gaulle que la directive ne l'était, mais le président ne veut pas changer la directive. [Le Premier ministre] a envoyé au moins quatre télégrammes au président pour le convaincre de peser ses mots, mais vu les réponses qu'il a reçues, tout portait à croire que le président n'en ferait rien. À la place du général de Gaulle, il essayerait de trouver un compromis avec le président.

Le général de Gaulle admet que le Premier ministre lui a toujours conseillé d'adopter cette attitude.

Le Premier ministre poursuit, et dit au général de Gaulle qu'il lui faut user de sa personnalité pour résoudre ces problèmes avec le président. Il doit mettre sa personnalité au service de la France. Les brouilles sont vite venues. Mais la mission du général est de tout mettre en œuvre pour arriver à un compromis avec le président. Le Premier ministre a toujours cru à *l'idée de Gaulle*\* et a souhaité que le général se joigne aux armées de la libération. Il serait dommage qu'il en soit exclu.

*Source : Cab/66/50/47 – FO/954/9A.*

# MONNAIE DE SINGE

Depuis une semaine, les armées alliées se battent en Normandie au prix de milliers de morts. Mais parmi les nombreux soucis de Roosevelt et Churchill, il y a toujours le général de Gaulle, que le président américain surnomme, comme dans ce télégramme, la *« prima donna »*. Plus que jamais dressé contre les diktats alliés, de Gaulle refuse que la monnaie française fabriquée par les Américains pour leurs soldats soit utilisée sur le territoire du pays en cours de libération. Il n'a rien à perdre. Depuis l'entretien cataclysmique avec le Premier ministre britannique le 4 juin, avant-veille d'un débarquement dont il n'avait pas été prévenu, de Gaulle s'est opposé à toute l'organisation du territoire français pensée par les Alliés. Le président des États-Unis avait décidé, dans un premier temps, que la France serait placée sous l'autorité d'un AMGOT et que le pays serait dirigé par des administrateurs civils formés à Charlottesville (Virginie). Le Comité français de libération nationale[1] ayant interdiction d'émettre de la monnaie en territoire libéré – ce qui serait une reconnaissance de sa légitimité –, les Américains ont imprimé leurs propres billets de banque. Dans cet échange avec Roosevelt, Churchill émet des doutes sérieux sur la qualité de ces billets – *« Ils ne nous semblent pas très rassurants. Ils ont l'air facile à imiter »* – et n'exclut pas que de Gaulle *« pourrait qualifier les billets de fausse monnaie »*. Le président américain le rassure – *« Je les trouve satisfaisants »* – et de toute façon, il se moque bien des *desiderata* du chef de la France libre. Les billets seront modérément utilisés par la population et retirés de la circulation à partir du 27 juin sur ordre de De Gaulle.

---

1. Voir chapitre « Le jour le plus long ».

*Monnaie de singe*

\*

Ce document est la propriété exclusive
du gouvernement de Sa Majesté britannique

*Imprimé pour le Cabinet de guerre, juin 1944*

La circulation de ce document est strictement contrôlée. Il est destiné à l'usage personnel du secrétaire.

Top secret
Copie n° 31
13 juin 1944
Cabinet de guerre

Le général de Gaulle
et la monnaie française concurrente

Note du Premier ministre
et du ministre de la Défense

Je fais circuler, à l'intention de mes collègues, les télégrammes suivants, que j'ai échangés avec le président Roosevelt sur le sujet.

10 Downing Street, S.W.1
13 juin 1944

Premier ministre au président Roosevelt, N° 696.9.6.44
Personnel et top secret

Je voudrais votre avis sur les billets émis pour les troupes envoyées en France. Eisenhower doit instamment faire une déclaration pour les annoncer. De Gaulle est tout à fait prêt à faire une déclaration de soutien, mais nous avons des raisons

*Monnaie de singe*

de croire qu'il insistera pour qu'elle contienne les mots « Gouvernement provisoire de France » ou « de la République française » et qu'elle soit publiée dans le *Journal officiel de la République française*, qu'il fait imprimer à Alger. Naturellement, nous essaierons de le persuader de s'en tenir au Comité français de libération nationale, mais il s'obstine. Le Trésor craint que, sans ratification de sa part, les billets émis manquent de soutien. Par ailleurs, j'ai l'impression que la déclaration d'Eisenhower engagera nos deux gouvernements, ensemble ou séparément, à se porter garants de la valeur de ces billets. Qu'en pensez-vous ?

D'autres vont même jusqu'à dire qu'il pourrait qualifier les billets de fausse monnaie. Personnellement, je pense qu'il n'osera pas. Pour ma part, si j'étais un commerçant français et qu'un soldat britannique ou américain me tendait un billet émis aux États-Unis et approuvé par le général Eisenhower, je le prendrais avec ou sans la ratification du général de Gaulle.

Pourriez-vous me donner votre avis ? Faut-il nommer de Gaulle responsable de ces billets en tant que président du Gouvernement provisoire français, auquel cas ce sera à la France qu'il incombera finalement de les racheter ? Ou alors vaut-il mieux dire que les États-Unis et la Grande-Bretagne en assument temporairement la responsabilité et désigneront les autorités compétentes lors des accords de paix ? Merci de me répondre rapidement.

*

Premier ministre au président Roosevelt, N° 697.10.6.44
Personnel et top secret

Suite de mon N° 696. J'ai pu voir les spécimens des billets en question. Ils ne nous semblent pas très rassurants. Ils ont l'air facile à imiter. On ne précise aucun responsable, ni de leur émission, ni de leur rachat. Pourtant, ils dépendent sûrement d'une autorité.

Cet avis, exprimé après avoir vu les billets, concerne le paragraphe 2 de mon N° 696 : il est d'autant plus nécessaire de désigner un responsable qui se charge de les honorer sur présentation. Je vous en prie, mon cher ami, examinez-les et dites-moi quoi faire. Faut-il laisser de Gaulle accéder à un nouveau statut en échange de son soutien pour ces billets, ou faut-il assumer nous-mêmes ce fardeau pour l'instant, quitte à améliorer l'émission plus tard et à s'arranger pendant les négociations de paix, au cours desquelles de nombreux comptes devront être réglés ?

\*

Président Roosevelt au Premier ministre, N° 559.13.6.44
PERSONNEL ET TOP SECRET

Je suis d'accord avec vous : on utilise cette monnaie pour nous forcer à reconnaître pleinement le Comité le plus vite possible. Mais personnellement, je ne crois pas que la situation évoquée dans votre télégramme soit aussi critique qu'elle en a l'air. Je ne crois pas non plus que pour faire accepter cette monnaie supplémentaire, une déclaration de soutien de De Gaulle soit indispensable. Je propose d'informer de Gaulle des éléments suivants :

Nous avons l'intention de continuer à utiliser ces francs supplémentaires comme prévu initialement, comme nous l'avions entendu avec le Trésor britannique et comme l'avaient approuvé MM. Monnet et Mendès-France, du Comité français.

Si, pour une raison quelconque, le public français n'accepte pas la monnaie supplémentaire, le général Eisenhower

## Monnaie de singe

a tout pouvoir d'utiliser les dollars à sceau jaune ainsi que les billets de la British Military Authority. De même, si de Gaulle encourage les Français à refuser les francs supplémentaires, alors le Comité devra assumer les mauvaises conséquences entraînées par l'utilisation des billets à sceau jaune et de ceux de la BMA. Par exemple, il ne fait aucun doute qu'on assistera à une dépréciation du franc français par rapport au dollar et à la livre sterling dans un marché noir qui soulignera et révélera la faiblesse du système monétaire français. C'est une des raisons pour lesquelles nous avons accédé à la requête du Comité français et que depuis le départ, nous n'utilisons pas les dollars à sceau jaune et les billets de la BMA. Il y aurait d'autres effets déplorables que de Gaulle et ses conseillers connaissent. Pour ma part, je n'importunerais pas de Gaulle pour lui demander de faire une déclaration de soutien au sujet de cette monnaie. S'il est clair qu'il agit de son propre chef et sans notre accord, il peut bien signer n'importe quelle déclaration sur la monnaie avec le titre qui lui plaît, fût-ce celui de roi d'Espagne.

Quant à l'apparence des billets, je les avais déjà vus mais les ai examinés de nouveau. Je les trouve satisfaisants. Les experts du Bureau of Engraving and Printing m'informent par ailleurs qu'ils seront extrêmement difficiles à imiter, grâce à une combinaison complexe de couleurs. On m'indique aussi que les officiels du Trésor britannique ont approuvé le billet et que les représentants français ont non seulement approuvé le billet, mais aussi trouvé le motif et les couleurs à leur goût.

Il paraît clair que les *prima donna* ne changent pas.

Source : Cab/66/51/21. General de Gaulle and Supplementary French Currency.

## « PRENEZ UN PEU DE REPOS »

Après l'entrevue orageuse du 4 juin, les relations ne se sont pas améliorées entre le Premier ministre britannique et le chef de la France libre. Et qu'on ne croit pas que celui-ci va s'incliner devant le vieux lion. Bien au contraire, en août, lors de son passage à Alger, Churchill compte bien rencontrer de Gaulle, mais ce dernier annule son rendez-vous. Estimant avoir été « insulté », Churchill envoie cette lettre furieuse au secrétaire d'État aux Affaires étrangères, Anthony Eden, en y joignant celle envoyée par de Gaulle.

*

Compte-rendu personnel du Premier ministre
N° de série m. (k) 1/4
Secrétaire d'État aux Affaires étrangères

Après avoir proposé une rencontre au général de Gaulle, j'ai reçu en réponse la lettre ci-jointe. Elle constitue sûrement une bonne indication des relations que nous aurons avec cet homme qui, grâce à nos efforts, s'empare du pouvoir suprême en France. Le télégramme enthousiaste de Massigli[1] m'a induit en erreur. Nous n'aurions pas dû donner au général de Gaulle la possibilité d'insulter ainsi le chef du

---

1. René Massigli (1888-1988), diplomate, commissaire des Affaires étrangères de la France libre.

« *Prenez un peu de repos* »

gouvernement d'un pays qui a envoyé 750 000 soldats au front pour libérer la France, avec de lourdes pertes. Je vous fais confiance pour aborder cette question avec Massigli de manière formelle et pour vous assurer que de Gaulle en soit informé. Je vous demande d'agir dans ce sens.

12.8.44

\*

Alger, 11 août 1944

Mon cher Premier ministre,

M. Duff Cooper m'a dit hier soir que vous passiez ce matin quelques instants à Alger au cours d'un voyage « stratégique » et très secret. À la réflexion, je pense qu'il vaut mieux que je renonce à vous voir cette fois et que vous puissiez prendre un peu de repos entre vos deux vols. Je tiens, cependant, à vous dire d'abord que j'ai personnellement le meilleur espoir dans notre grande opération commune « Dragon[1] », ensuite que je forme tous mes meilleurs vœux pour votre voyage.

Je vous prie de bien vouloir agréer, mon cher Premier ministre, mes sentiments bien sincèrement dévoués !

Charles de Gaulle

*Source : FO/954/9A.*

---

1. L'opération « Anvil Dragoon », « Dragon » en français, est le débarquement allié en Provence, qui débute le 15 août 1944.

## « RENTREZ, RENTREZ VITE ! »

Nous sommes à la fin du mois de septembre 1944 et le capitaine Peter Lake, membre du Special Operation Executive (SOE), parachuté au début du mois d'avril pour organiser les maquis de Dordogne, se réjouit de rencontrer enfin le général de Gaulle en visite dans les territoires libérés. Participant maintenant au siège de l'île d'Oléron, il rejoint Saintes avec une partie de ses compagnons. Ce qu'il ne sait pas, c'est que de Gaulle ne veut pas entendre parler du Special Operation Executive, cet organisme créé dès fin juillet 1940 par Churchill pour « mettre le feu à l'Europe[1] ». Le général n'ignore pas le tribut payé par ces hommes mais dans le roman national qu'écrit le Commandeur, seule la Résistance doit être mise en avant. Même si elle n'a pu exister et jouer un rôle que grâce aux radios, aux armes et aux agents entraînés et parachutés par les avions britanniques...

Peter Lake va donc être très mal reçu. « *Nous n'avons pas besoin de vous ici. Il ne vous reste qu'à partir. Rentrez, rentrez vite... Au revoir* », lui dit de Gaulle. L'échange que retranscrit Peter Lake dans son rapport est très brutal. Mais il faut comprendre de Gaulle. Le Sud-Ouest est à la limite de l'anarchie, certains des agents du SOE, grisés de se retrouver à la tête de véritables petites armées locales, se sont taillé des fiefs qu'ils ont bien du mal à rendre aux autorités françaises. Cela a été le cas à Toulouse où, comme le mentionne de Gaulle dans sa diatribe, il a déjà eu à s'occuper de « Hilaire », nom de guerre de l'agent George Starr, étoile incontestable du SOE, ou de Roger Landes

---

1. Michael R. D. Foot, *Des Anglais dans la Résistance, Le SOE en France, 1940-1944*, préface de J. L Crémieux-Brilhac, Tallandier, 2008.

## « *Rentrez, rentrez vite !* »

– « Aristide » –, qui tenait Bordeaux et ne voulait pas la lâcher. Il a fallu les menacer d'arrestation pour qu'ils acceptent de repartir au plus vite en Angleterre. Pour ces combattants qui ont organisé les maquis locaux et participé aux durs combats de harcèlement qui ont jalonné la remontée des troupes allemandes vers la Normandie, le choc de la rencontre avec de Gaulle est rude. Mais il n'en a que faire. Ses relations sont détestables avec les Alliés et seule compte la rapide reconquête de la France, chaque territoire revenant sous son autorité lui permettant de restaurer un peu plus la situation du pays. Une fois le calme revenu, tous ces officiers britanniques recevront la Légion d'honneur ou la Croix de guerre.

\*

Vrai nom : Capitaine Lake
Nom de guerre : Basil
Circuit : Digger
27/09/44
Rapport

Objet : Rencontre avec le général de Gaulle à Saintes, le 18 septembre

Après sa visite à Bordeaux, le général de Gaulle était attendu à Saintes le lundi 18 septembre. À ce moment-là, le capitaine Mark et moi-même étions à Marennes (Charente-Maritime), engagés dans des opérations actives pour l'île d'Oléron, alors occupée par les Allemands. Un certain nombre d'officiers français allant saluer le général, nous avons décidé de les accompagner à Saintes avec la même idée en tête.

Le programme a commencé vers 11 heures avec l'habituelle parade et l'inspection par le général, accompagné du colonel Adeline (ou Adline), officier commandant des FFI

« *Rentrez, rentrez vite !* »

autour de Royan, de l'île d'Oléron, etc. Pendant l'inspection, le capitaine Mark et moi-même nous trouvions parmi un groupe d'officiers français, et si de Gaulle a remarqué la présence de deux officiers britanniques, il ne l'a pas montré. Ensuite, le cortège de motocyclistes et des voitures du Staff l'ont escorté jusqu'au QG du colonel Adline, où plusieurs officiers français attendaient leur tour d'être présentés. Là, nous avons aussi rencontré le capitaine Camille ainsi que deux membres de la mission interalliée (Dordogne Nord), un Américain et un capitaine français, qui avaient les mêmes intentions que nous.

Il aurait été normal de commencer par présenter les officiers alliés. Toutefois, le général s'enferma à l'intérieur avec le colonel Adline et les membres de son équipe. Par la suite, nous avons appris que la discussion qui s'était tenue concernait directement la situation militaire du secteur, situation que nous connaissions quelque peu. Environ une heure plus tard, une fois la discussion finie, le général apparut sur le pas de la porte et on nous ordonna d'avancer. Comme nous étions les derniers à être convoqués, je ne peux pas dire si les autres officiers alliés furent présentés correctement. Le colonel Adline a ignoré le capitaine Mark, et m'a présenté comme « le capitaine Jean-Pierre ».

Je ne dis pas grand-chose dans le dialogue qui suivit, et j'eus encore moins la possibilité de m'exprimer. Voici à peu près ce qui se dit :

De G. : Jean-Pierre, c'est un nom français.

Moi : Mon *nom de guerre, mon général*[*].

De G. : Que faites-vous ici ?

Moi : Je fais partie de la mission interalliée pour la Dordogne, et pour le moment, je suis avec les troupes de Dordogne à Marennes, *mon général*[*].

De G. : Mais qu'est-ce que vous faites ici ?

Moi : J'entraîne certaines troupes pour des opérations spéciales.

« *Rentrez, rentrez vite !* »

De G. : Nos troupes n'ont pas besoin d'entraînement. Vous n'avez rien à faire ici.

Moi : J'obéis aux ordres de mes supérieurs.

De G. : J'ai dit : vous n'avez rien à faire ici. Vous n'avez pas le droit de commander...

Moi : *Mon général*\*, je ne commande pas.

De G. : ... nous n'avons pas besoin de vous ici. Il ne vous reste qu'à partir. J'ai déjà dit à un certain Aristide, qui s'adonnait à la politique, de partir. J'ai également renvoyé Hilaire à Toulouse. Vous aussi, vous devez rentrer chez vous. Rentrez, rentrez vite... Au revoir.

(Pause)

Moi : *Oui, mon général*\*.

Le dialogue fut très rapide, et se déroula sur un ton qui ne laissait pas de place au doute. C'était si inattendu que j'avoue avoir été trop surpris pour répondre intelligemment, et je pense que la plupart de ceux qui étaient présents ont eu des réactions similaires. Ensuite, le général murmura quelque chose que je n'entendis pas clairement et disparut avant que quiconque se soit repris. La seule personne qui aurait pu protester était le colonel Adline. Son silence montrait sa complicité, ou du moins sa sympathie à l'égard de l'accueil du général. Le lendemain, une lettre à ce sujet lui fut envoyée par le capitaine Mark. Depuis, nous avons entendu dire qu'il nie tout en bloc, et qu'il va même jusqu'à affirmer qu'il partageait la stupéfaction générale.

La Poujade<br>
27 septembre 1944<br>
Capitaine Basil

*Source : Records of Special Operations Executive, HS 9/877/5.*

## PARIS EST UNE FÊTE

« *Winston n'a pas cessé de pleurer un instant, et c'est avec un déluge de larmes qu'il a reçu la citoyenneté d'honneur de la Ville de Paris*[1]. » Ainsi Anthony Eden résume-t-il l'émotion qui saisit le Premier ministre britannique lors de son retour dans Paris libéré pour les cérémonies du 11 novembre 1944. Quelques semaines plus tôt, il déclarait pourtant : « *De Gaulle est l'ennemi mortel de l'Angleterre*[2]. » Cette visite a été organisée par l'entourage des deux hommes, toujours fâchés à mort. « *On jugea convenable que ma première visite à Paris eût lieu le 11 novembre, jour de l'armistice* », écrit sobrement Winston Churchill dans ses Mémoires. Dans les siennes, de Gaulle revendique l'invitation même s'il n'y mentionne pas sa toute première réflexion quand on lui propose cette visite : « *Il va me voler mon 11 Novembre !* » Le général finit par organiser au vieux lion une visite triomphale. Un étage entier du Quai d'Orsay est réservé à Churchill et à sa suite, le Premier ministre disposant même de la baignoire en or que Goering y avait fait installer. « *Il fut plus enchanté encore d'apprendre que celle du ministre des Affaires étrangères n'était qu'argentée*[3] », écrit Duff Cooper. Le défilé sur les Champs-Élysées se fait sous les acclamations de centaines de milliers de Parisiens juchés jusque sur les toits alors que les services de sécurité anglais avaient déconseillé le déplacement tant ils craignaient une capitale livrée au peuple et à l'anarchie. « *Je n'avais jamais assisté*

---
1. Anthony Eden, *op. cit.*
2. Max Gallo, *De Gaulle : La solitude du combattant, 1940-1946*, Robert Laffont, 1998.
3. Duff Cooper, *op. cit.*

*Paris est une fête*

*à un spectacle aussi beau*[1] », commente Duff Cooper. Quant à de Gaulle, voici ce qu'il écrit : « *Après la visite du Soldat inconnu et le défilé des troupes, nous descendîmes la voie triomphale, Churchill et moi dans la même voiture, sous une tempête de vivats. À la statue de Clemenceau, le Premier ministre déposa une gerbe de fleurs, tandis que sur mon ordre, la musique jouait :* Le Père la victoire. *"For you !", lui dis-je. C'était justice.* »

Mais la politique reprend vite ses droits et les discussions, résumées à la fin du séjour de Churchill, le 15 novembre, dans le télégramme à l'attention de Roosevelt publié ici, portent sur l'avenir de l'armée française et les zones d'occupation en Allemagne dont la France réclame sa part. Si rien d'important n'est réglé, comme le remarque Duff Cooper, « *de Gaulle et [Churchill] étaient d'excellente humeur [...] aucune parole désagréable n'a été prononcée* ». Surtout, le Premier ministre britannique repart frappé par la solidité du pouvoir politique installé à Paris. « *De façon générale, je me suis senti en présence d'un gouvernement organisé, représentant tous les partis et gagnant rapidement en force.* »

\*

Du Foreign Office à Washington
N° 9833
16 novembre 1944

Personnel et top secret

Merci pour vos bons vœux au sujet du voyage Paris-de Gaulle. J'ai vraiment reçu un accueil formidable d'environ un demi-million de Français aux Champs-Élysées, ainsi que d'une partie de l'opposition centriste à l'Hôtel de Ville. J'ai établi à nouveau une relation privée et amicale avec de Gaulle,

---
1. *Ibid.*

qui est bien mieux depuis qu'il a perdu une bonne partie de son complexe d'infériorité.

Je vois des déclarations publiées dans la presse française et un peu partout affirmant que nous avons pris toutes sortes de décisions à Paris. Vous pouvez être sûr que nos discussions portant sur les sujets majeurs se sont toujours référées aux trois grandes puissances et bien sûr surtout à vous, qui possédez de loin les plus grandes forces en France. Eden et moi avons eu un entretien de deux heures avec de Gaulle et deux ou trois de ses conseillers après le déjeuner du 11. De Gaulle a posé un certain nombre de questions qui m'ont fait comprendre combien ils étaient peu informés de ce qui s'était décidé ou de ce qui était en train de se passer. Bien entendu, il s'inquiète d'obtenir des équipements complets et modernes pour huit divisions de plus, que seul vous pouvez lui fournir [...] J'ai aussi soutenu cet argument.

En même temps, je compatis avec le désir des Français de gagner du terrain afin de tirer leur épingle du jeu dans les batailles à venir ou ce qui en reste [...] et pour ne pas avoir à entrer en Allemagne en tant que pseudo-conquérant qui n'aurait pas combattu. J'ai remarqué que cela était un point sentimental qui mériterait néanmoins quelque considération. Le plus important pour la France est d'avoir une armée préparée aux tâches qui lui incombent, premièrement maintenir l'ordre dans une France en paix derrière le front de nos armées, et, plus tard, nous seconder lorsque nous occuperons le territoire allemand.

À propos de ce second point, les Français ont très fortement insisté pour obtenir leur part de l'occupation de l'Allemagne non seulement sous commandement anglais ou américain mais avec un commandement français. J'ai exprimé ma solidarité avec ce vœu, sachant qu'un temps viendra, sous peu, où les armées américaines rentreront chez elles et où

*Paris est une fête*

les Anglais auront la plus grande difficulté à maintenir un nombre important de troupes à l'étranger – cela étant tout à fait contraire à notre stratégie et bien disproportionné par rapport à nos ressources –, et je les ai pressés d'étudier le type d'armée convenant à une telle occupation, sa formation étant totalement différente de l'organisation en divisions requise pour briser la résistance d'une armée ennemie aguerrie et moderne. Cet argument les a impressionnés, sans les empêcher pour autant de continuer d'insister.

J'ai vu un message de Reuters, émanant sans aucun doute officieusement de Paris, selon lequel il a été entendu que la France verrait ses troupes de garnison assignées à certaines régions, la Ruhr, la Rhénanie, etc. Tout cela est faux et il est évident que rien de semblable ne pourrait être établi sans votre accord. À ce sujet, j'ai simplement dit à de Gaulle que nous avions procédé à une division de l'Allemagne en zones russe, britannique et américaine ; en gros, les Russes ont l'Est, les Britanniques le Nord et les Américains le Sud. J'ai ensuite dit que selon le gouvernement de Sa Majesté, moins nous en recevrions mieux ce serait et que nous devrions certainement favoriser la prise en charge française dans la mesure de ses capacités, mais que tout cela devrait être décidé autour d'une table interalliée. Je pourrais bien entendu publier quelque chose pour démentir les déclarations calomnieuses de Reuters, mais vous penserez peut-être que cela n'est pas nécessaire au vu de l'évidence des faits. Je vais télégraphier quelque chose de semblable à UJ[1]. Nous n'avons pas tenté d'établir quoi que ce soit de définitif ou de conclure des accords finaux.

Malgré tout, il est évident qu'il y a de nombreuses questions exigeant des réponses à un niveau plus élevé que le haut commandement, décisions sans lesquelles il est impossible de donner des ordres clairs. Voilà une autre raison pour

---
1. UJ pour *Uncle Joe*, surnom donné à Joseph Staline.

*Paris est une fête*

se réunir à trois si UJ ne vient pas, ou à quatre s'il vient. Dans ce dernier cas, les Français seraient mêlés à certains sujets, et exclus d'autres[1]. On doit toujours garder à l'esprit qu'avant cinq ans, une armée française doit être rebâtie pour assumer l'occupation de l'Allemagne, notre mission principale. Le principal accroc de l'entretien entre Eden et Bidault[2] était la Syrie, une conversation ennuyeuse, interminable, peu concluante, mais relevant néanmoins de nos préoccupations.

J'ai pensé que je me devais de vous rapporter tout cela sans tarder, au cas où d'autres déclarations tendancieuses paraîtraient dans la presse.

J'ai pensé beaucoup de bien de Bidault. Il a l'air d'un Reynaud plus jeune et plus beau, surtout dans sa façon de parler et de sourire. Il nous a fait à tous très bonne impression et il ne fait aucun doute qu'il a des responsabilités élevées dans le système. Au banquet, Giraud semblait plutôt satisfait. Quel revers de fortune depuis Casablanca. De façon générale, je me suis senti en présence d'un gouvernement organisé, représentant tous les partis et gagnant rapidement en force, et je suis convaincu qu'il serait peu judicieux d'entreprendre quoi que ce soit pour le fragiliser aux yeux de la France en ces temps difficiles, critiques. J'espère que vous n'imaginerez pas que je me range du côté des Français en disant cela. Dites-moi ce que vous en pensez. Je vous câblerai plus tard pour vous tenir au courant de la réunion et de la viande.

*Source : Visit of M. Churchill to Paris, November 1944. FO 371/42117.1944.*

---

1. En septembre, Churchill a rencontré Roosevelt au Québec et en octobre, Staline à Moscou. De Gaulle est exclu de toutes ces rencontres comme il le sera lors de la conférence de Yalta alors en préparation.
2. Georges Bidault (1899-1983), successeur de Jean Moulin à la tête du Conseil national de la Résistance, ministre et président du Conseil sous la IV$^e$ République.

# LA TRAVERSÉE DU DÉSERT

« *Le 20 janvier [1946], veille de l'anniversaire de l'exécution de Louis XVI, le général de Gaulle se tranchait lui-même la tête et disparaissait dans les coulisses de la vie politique.* » Ainsi Duff Cooper, en fin connaisseur de l'histoire de France (il est l'auteur d'une biographie remarquée de Talleyrand), décrit-il dans ses Mémoires le départ brutal du général de Gaulle du pouvoir. Selon l'ambassadeur, « *ébloui par son prestige, il se croyait indispensable – ce qu'aucun homme politique n'a jamais été* ».

Pour le général, c'est le début de la traversée du désert, ces douze longues années durant lesquelles l'oubli du monde peut se traduire par un simple chiffre issu de l'examen des documents mis en ligne par les National Archives. Sur les 1 177 documents qui lui consacrés, 31 seulement concernent cette période. Mais le général bouge encore. À la fin de l'année 1946 ont lieu les premières élections législatives de la IV$^e$ République, au sujet desquelles de Gaulle fait une déclaration publique. Duff Cooper, huit jours avant le scrutin, la commente dans une dépêche au nouveau patron du Foreign Office, Ernest Bevin, document dans lequel il dresse le portrait d'un de Gaulle « *aigri* » et « *déconnecté* » des réalités.

\*

*La traversée du désert*

Confidentiel

De M. Duff Cooper à M. Bevin (reçu le 4 novembre).

Paris, 2 novembre 1946

Déclaration de De Gaulle.

Le général de Gaulle a finalement apporté sa contribution à la campagne électorale. Celle-ci consiste en un rejet bref et méprisant de la Constitution, en ce qu'elle établit « un système gouvernemental absurde et archaïque ». On voit bien que cette déclaration a été rédigée dans un accès de colère. Il a repris les principes sur lesquels il fondait sa propre idée de Constitution et assuré que son système à lui *« aurait été la conclusion dictée par le bon sens que le peuple français aurait tiré des cruelles leçons du passé »* ; mais trois partis en ont, sous leur propre responsabilité, décidé autrement. Cette référence aux trois partis fait du MRP[1] une des cibles de ses critiques. Après s'en être durement pris à l'incohérence d'un gouvernement administré par des partis mutuellement hostiles, il a conclu en recommandant aux électeurs de voter pour ceux qui avaient véritablement l'intention de réviser la Constitution le plus vite possible. Comme le MRP a affirmé son désir de proposer une révision de la Constitution, il devrait être compris dans cette catégorie, bien qu'il soit peu vraisemblable que le général de Gaulle lui-même ait voulu l'inclure.

À travers cette déclaration aigrie, le général de Gaulle a offert son soutien moral et promis de faire peser son influence en faveur de la formation d'un « bloc » révisionniste à l'Assemblée nationale. En faisant objection aux conflits de partis et aux gouvernements de coalition, il semble promouvoir

---

1. Le MRP, Mouvement républicain populaire fondé en novembre 1944 par Georges Bidault, est un parti démocrate chrétien fidèle au général de Gaulle.

*La traversée du désert*

l'abandon des principes fondamentaux du gouvernement parlementaire. Aucun parti sous la III<sup>e</sup> République n'a jamais eu une majorité absolue, et tant qu'il y aura deux partis en France, aucun parti – quel que soit le système électoral – n'aura la moindre chance d'obtenir une telle majorité, sauf peut-être en cas d'urgence nationale. La Constitution de Bayeux n'apporte pas de solution à ce problème – à moins qu'on ne doive la chercher dans la puissante figure du président de la République –, et on est bien obligé de conclure que le général de Gaulle ne croit pas qu'un gouvernement démocratique en France puisse fonctionner si le chef d'État ne possède pas des pouvoirs au moins équivalents à ceux du président des États-Unis. Dans un pays comme la France, où les autorités locales possèdent un minimum de pouvoir, un tel président équivaudrait à un dictateur en puissance.

La révision de la Constitution est peu populaire. Elle n'apporterait pas plus de viande sur le marché ; elle ne permettrait ni de remplir les verres de vin, ni de mettre des vêtements décents à la portée du commis de banque moyen. La Constitution est considérée comme un vestige du passé et il y a des problèmes bien plus urgents auxquels il faudrait apporter une solution, problèmes dont le général de Gaulle, reclus à la campagne, semble être tout à fait déconnecté.

*Source : FO 371/59966. Political situation : resignation of General de Gaulle.*

5. Charles de Gaulle vers 1950. C'est la traversée du désert. Pour les diplomates britanniques, de Gaulle, depuis sa démission de janvier 1946, n'est plus un personnage politique crédible. Il est « aigri » et « déconnecté des réalités ». © Jean-Marie Marcel / Adoc-photos.

**6 et 7.** 6 novembre 1958, hôtel Matignon, Paris. De Gaulle décore Winston Churchill de l'Ordre de la Libération. Il a fait rouvrir l'Ordre, clos en 1946, pour le Premier ministre britannique et, deux ans plus tard, pour le roi George VI. © Dalmas / Sipa.

**9, 10, et 11.** Du 5 au 8 avril 1960 a lieu la première visite officielle du président de la République en Grande-Bretagne. La reine Élisabeth II, admiratrice de la première heure du chef de la France libre, veut qu'il soit accueilli de « la façon la plus spectaculaire possible ». La ferveur populaire est au rendez-vous (© Melcher-Dalmas / Sipa). Clou du spectacle, un feu d'artifice géant – dans lequel figure une croix de Lorraine – contemplé aux côtés de la famille royale britannique depuis le balcon de Buckingham Palace. Le couple de Gaulle (Yvonne, à gauche sur la photo 11) rencontre pour la dernière fois Winston Churchill, « lumière qui s'éteint », écrira de Gaulle. © Dalmas / Sipa.

10

11

**12.** Le 14 janvier 1963, à l'Élysée, lors de sa conférence de presse, de Gaulle humilie la Grande-Bretagne en s'opposant à son entrée dans la CEE. « La nature, la structure, la conjoncture qui sont propres à l'Angleterre diffèrent de celles des États continentaux. » « Le coup fut cruel », dira le Premier ministre britannique Harold Macmillan qui croyait pourtant bien connaître de Gaulle. Un deuxième veto tombera en 1967. © Dalmas / Sipa.

**13.** Le 12 novembre 1970, les deux anciens Premiers ministres britanniques Anthony Eden (à gauche) et Harold Macmillan (à droite), à la sortie de la cathédrale Notre-Dame de Paris, après le service religieux célébré en hommage à Charles de Gaulle, décédé trois jours plus tôt. « Bienfait du ciel pour son pays », dit le premier, « descendant spirituel de Jeanne d'Arc », pour le second, les deux hommes avaient connu de Gaulle pendant les heures sombres de la guerre. © Jack Garofalo / Paris Match / Scoop.

# MAUVAISES MÉMOIRES

Pour les Britanniques, c'est un sale moment à passer. La publication, en 1956, du deuxième tome – intitulé *Unité* – des *Mémoires de guerre* du général de Gaulle les enthousiasme beaucoup moins que celle du premier volume. « *La méfiance envers les Alliés est à présent devenue une obsession. Il n'y a pas une page qui ne contienne des récriminations contre les Américains et dans une moindre mesure, contre nous* », note, à la lecture du livre, Gladwyn Jebb, le très antigaulliste ambassadeur britannique à Paris, dans une dépêche du 21 juin 1956 adressée à Selwyn Lloyd, ministre des Affaires étrangères de la Couronne. Dans ces Mémoires, qui débutent en 1942 avec le débarquement allié en Afrique du Nord, de Gaulle donne une version décapante de la façon dont il a été traité par ses alliés anglais et américains, et notamment de leur tentative avortée de l'écarter au profit du général Giraud. De Gaulle maltraite allègrement le président Roosevelt qui, il faut bien le dire, l'a toujours détesté, mais également Winston Churchill envers lequel, selon Gladwyn Jebb, « *il est tout sauf généreux* ». Heureusement, selon le diplomate, « *le retour au pouvoir du général n'est plus à l'ordre du jour* ». On ne peut pas dire que Gladwyn Jebb soit un visionnaire puisque deux ans plus tard, de Gaulle dirigera à nouveau la France. Reste le style du général, devant lequel le diplomate s'incline. « *Lorsque le troisième, et vraisemblablement dernier, volume de cette œuvre aura été publié, une contribution notable aura été apportée à la littérature française.* »

\*

*Mauvaises mémoires*

Confidentiel

Ambassade britannique
Paris, 21 juin 1956

Monsieur,

Dans mon envoi n° 455 du 18 novembre 1954, j'ai commenté et mis en perspective le premier volume des *Mémoires de guerre* de De Gaulle avec sa notoriété dans le pays. Avec un sens du *timing* savamment calculé, il a fait paraître le deuxième tome le 18 juin, le jour du seizième anniversaire de son appel au peuple français à poursuivre la lutte contre l'occupant allemand. Dans le présent envoi, j'ai l'honneur de rendre compte du deuxième tome, tout en le mettant, une nouvelle fois, en relation avec la notoriété actuelle du général [...].

Le nouveau volume commence au printemps 1942, à la veille du débarquement des Alliés en Afrique du Nord, et s'achève sur la libération de Paris en août 1944. Il s'intitule *Unité*. Une fois encore, le style du général de Gaulle rappelle celui des grands classiques français. Dans le premier tome, les premières pages étaient les plus poignantes ; ici, ce sont les dernières. Lorsque le troisième, et vraisemblablement dernier, volume de cette œuvre aura été publié, une contribution notable aura été apportée à la littérature française.

Dans mon envoi référencé, j'expliquais de quelle façon l'absolue dévotion du général à son pays suscitait l'admiration du lecteur, en dépit de l'antipathie que soulevait sa méfiance vive – et finalement infondée – envers ses alliés et son refus de sacrifier « l'amour-propre » national à la cause commune. Je pense que cette fois-ci, le lecteur non francophone du volume actuel trouvera que l'antipathie a pris le pas sur l'admiration. La méfiance envers les Alliés

*Mauvaises mémoires*

est à présent devenue une obsession. Il n'y a pas une page qui ne contienne des récriminations contre les Américains et dans une moindre mesure, contre nous. On peut naturellement s'attendre à ce que le président Roosevelt soit maltraité sous sa plume, mais la façon dont il traite Sir Winston Churchill est tout sauf généreuse.

De plus, les Alliés ne sont plus les seuls à faire l'objet de la méfiance du général de Gaulle. Au fil des années couvertes par le livre, il se préoccupe non seulement de défendre l'héritage de la France contre les plans anglais et américain au Levant, en Afrique du Nord ainsi qu'en France métropolitaine, mais il a aussi le souci d'affirmer son autorité sur ses compatriotes. Dans cette entreprise, il se trouva tout d'abord en conflit avec l'amiral Darlan, puis avec le général Giraud et enfin, bien que de façon moins explicite, avec le Conseil national de la Résistance. Il décèle derrière eux l'influence malveillante du président Roosevelt, assisté sinon encouragé par le gouvernement de Sa Majesté. Pour le lecteur impartial, il devient de plus en plus difficile de croire que l'égoïsme n'a joué aucun rôle au moment où il a décidé de tous les soumettre à son autorité. Dans cette lutte longue et quelque peu indigne contre le général Giraud, il est impossible de ne pas admirer certaines de ses méthodes. Après être finalement parvenu à asseoir son autorité au Conseil national de la Résistance, il déclare que son but était d'épargner à la France les horreurs d'une dictature communiste (puisque les communistes occupaient une place prépondérante au Conseil national de la Résistance), mais il se donne tout juste la peine de justifier cette affirmation. La foi en sa propre mission divine d'incarner la France paraît être une motivation beaucoup plus vraisemblable. Je ne devrais pas trop m'avancer. Le livre n'apporte aucune preuve selon laquelle le général de Gaulle aspirait à une dictature. En effet, il démontre que sous de nombreux aspects, et notamment dans les relations entre la

*Mauvaises mémoires*

France et les populations de ses colonies, il possédait et avait mis en place des idées initialement libérales pour l'époque et qui pourraient même, de nos jours, bénéficier aux chefs d'État français contemporains s'ils les adoptaient. Mais le volume en question met sérieusement en doute – bien plus que le premier – l'éventualité d'un général présidant un jour un régime manifestement démocratique en France.

Dans mon envoi référencé, j'ai évoqué le fait que « le général de Gaulle a de faibles chances de trouver une position qui lui permette de rester proche du régime, tout en s'en tenant à l'écart ». Au cours des vingt mois qui se sont écoulés depuis que j'ai écrit ce rapport, ces chances sont devenues un peu moins faibles. Cette année, il a beaucoup été question de la possibilité de lui trouver une place non pas à l'écart du régime mais bien au sein de celui-ci, et si besoin est, d'éventuellement transformer le régime afin de rendre cela possible. Je n'étais pas prêt, il y a deux mois, à écarter cette possibilité. Ce serait peut-être imprudent d'en faire de même pour le moment. Comme vous l'avez vu dans mon envoi n° 182 du 15 juin, M. Mendès-France ne l'exclut pas non plus complètement. Mais de façon générale, j'ai l'impression que, en dépit de l'effet indéniable causé par la publication de ce livre, le retour au pouvoir du général n'est plus à l'ordre du jour et que ce moment de grâce s'achève. La plupart de ceux qui ont vu le général de Gaulle récemment sont d'avis qu'il n'avancera pas vers cette montagne. L'éventualité qu'un quelconque cataclysme rapproche la montagne de lui paraît à présent s'estomper peu à peu. Peut-être est-ce dû à une apparente amélioration temporaire de la situation en Afrique du Nord. Je doute grandement que cette amélioration puisse être définitive. Mais à présent, je pense que si la situation devait se détériorer, cela adviendrait trop tard pour permettre au général de Gaulle de demeurer l'homme providentiel [...].

*Mauvaises mémoires*

J'envoie des copies de ce rapport aux ambassadeurs de Sa Majesté à Washington, Moscou et Alger.

Je vous prie d'agréer, Monsieur, l'assurance de mes sentiments distingués.

Votre humble serviteur, Gladwyn Jebb.

*Source : Publication in France of Volume 2 of War Memoires of General de Gaulle, FO 371/124450, 1956.*

## DE GAULLE NE REVIENDRA PAS

Depuis douze ans, il n'a pas cessé de penser à ce moment. Nous sommes moins de deux mois avant la crise algérienne du 13 mai 1958 qui verra le retour du général de Gaulle au pouvoir. Ce 20 mars, il reçoit l'ambassadeur britannique, Gladwyn Jebb, dans son bureau « *défraîchi* » du 5, rue de Solferino, l'immeuble qui, depuis juillet 1947, abritait le siège du Rassemblement du peuple français (RPF), le parti créé autour du général. Le général apparaît à l'ambassadeur vieilli et maussade. La conversation roule d'abord sur l'Algérie et la crise tunisienne[1], l'Europe, l'attitude des Soviétiques, avant que l'envoyé de la Couronne ne se décide à « saisir le taureau par les cornes » et à évoquer les rumeurs qui bruissent dans la capitale de l'éventualité de son retour aux affaires. La comédie commence. « *Il a soudainement abandonné l'attitude réservée et méfiante qu'il avait adoptée tout au long de notre entretien* », écrit l'ambassadeur. De Gaulle prend aussi de la hauteur – « *à partir de ce moment-là, il n'a plus parlé de lui qu'à la troisième personne* » –, souligne Gladwyn Jebb, et affirme que, bien sûr, il est le seul rempart au communisme, à un Front populaire qui se constituerait en France et peut-être en Europe de l'Ouest. Il serait donc logique que l'aboutissement de la crise soit son rappel au pouvoir, mais quand cela surviendra-t-il ? Et de rappeler ses 67 ans : « *Je vous le dis, monsieur l'ambassadeur, toutes*

---

1. Le 8 février 1958, excédée par l'aide apportée par la Tunisie au FLN, l'aviation française bombarde le village de Sakiet Sidi Youssef, provoquant une crise internationale qui aboutit à la chute du gouvernement de Félix Gaillard, le 15 avril.

## De Gaulle ne reviendra pas

*les chances sont réunies pour que de Gaulle soit mort avant la chute de ce régime. »*

L'autre habileté de De Gaulle est de replonger l'envoyé britannique dans de très mauvais souvenirs, ceux des conflits, durant la guerre, avec Winston Churchill et Roosevelt, revenus soudain d'actualité avec la probabilité de son retour au pouvoir. De quoi gêner l'ambassadeur tout en lui faisant comprendre que si de Gaulle a gagné contre ces géants-là, la pauvre IVe République n'a aucune chance. Rien de plus efficace, donc, que de lui déclamer quelques passages du troisième et dernier tome de ses *Mémoires de guerre*, qui l'éblouissent, et d'achever son entretien par une ode à l'Angleterre. *« Elle restera, selon lui, l'une des nations les plus remarquables du monde. »* De Gaulle, pour faire bonne mesure, lâche même quelques larmes à l'évocation de Winston Churchill. Du grand art. *« Soit le général est un bon acteur, soit il se soucie plus du passé et de l'avenir que du présent »*, note l'ambassadeur avant de conclure : *« Je n'ai pas discerné le moindre désir de revenir au pouvoir, et je l'ai trouvé tout à fait sincère quand il m'a affirmé qu'il serait probablement mort avant qu'une telle occasion se présente. »* Gladwyn Jebb, décidément, prend ses désirs pour des réalités. Mais l'actualité va subitement lui ouvrir les yeux.

*

CONFIDENTIEL

Paris, 24 mars 1958

Monsieur,

Me référant à mon envoi n° 22 du 24 janvier 1957, j'ai l'honneur de vous transmettre le compte-rendu d'un second entretien avec le général de Gaulle, le 20 mars [...].

Comme vous le savez, depuis le début de l'année, il y a de plus en plus de rumeurs selon lesquelles le général ne

## De Gaulle ne reviendra pas

serait pas indifférent à un éventuel rappel au pouvoir. Personne n'a sous-entendu qu'il agirait inconstitutionnellement, mais on est maintenant convaincu qu'une autre crise gouvernementale d'envergure pourrait mener à son retour à l'Élysée, où les députés voteraient en sa faveur. La peur d'un tel événement a certainement poussé les députés à soutenir le gouvernement, qui, autrement, se serait effondré il y a peu. L'objet de ma visite était donc de découvrir s'il était vrai qu'il n'opposerait aucune difficulté en cas de rappel au pouvoir, et de savoir ce qu'il ferait, de manière générale, s'il y parvenait.

Cette fois-ci, le général ne m'a pas reçu dans sa chambre d'hôtel[1] mais dans son bureau de la rue de Solferino, qui est encore plus défraîchi que la chambre d'hôtel. Un secrétaire assurait la permanence dans une petite antichambre, et en passant, j'ai croisé (à ce qu'on m'a dit) le nouvel ambassadeur français de Libye.

Le général était assez affable mais, avec ses cheveux gris, il semblait considérablement plus âgé que lors de notre dernière rencontre, un an plus tôt. Comme vous le verrez dans le compte-rendu de notre entretien, il s'est globalement montré résigné et maussade, et le seul moment où son visage s'est illuminé, c'est à la fin, en commençant à lire le dernier chapitre du dernier tome de ses Mémoires. Agitant son doigt et me jetant des coups d'œil pour voir ma réaction, il évoquait ses réflexions au moment où il apprit que Sir Winston Churchill avait perdu les élections et ne reviendrait

---

1. Si de Gaulle s'est installé le 30 mai 1946 dans sa maison de La Boisserie à Colombey-les-Deux-Églises, à partir de 1947 il dispose également d'une base parisienne, à l'hôtel *La Pérouse* (aujourd'hui disparu), situé près de la place de l'Étoile. Les de Gaulle y habitent un appartement simple, au deuxième étage, et le général y passe généralement deux jours, du mardi au jeudi.

## *De Gaulle ne reviendra pas*

pas à la conférence de Potsdam[1]. Ce qui l'a amené à comparer sa propre personnalité et sa carrière avec celle de Sir Winston et à réfléchir sur leurs destins respectifs. Le chef britannique avait probablement eu tort de vouloir retourner au pouvoir. Une fois les heures de gloire passées, on subit toujours des désillusions. Pour sa part, il préférerait, en temps voulu, abandonner le pouvoir de son propre gré plutôt que d'être vaincu par des opposants politiques. Ce passage plein de phrases magnifiques sera probablement l'un des plus appréciés quand le livre sera publié.

Soit le général est un bon acteur, soit il se soucie plus du passé et de l'avenir que du présent. Je n'ai pas discerné le moindre désir de revenir au pouvoir, et je l'ai trouvé tout à fait sincère quand il m'a affirmé qu'il serait probablement mort avant qu'une telle occasion se présente. Je reste convaincu qu'il ne ferait pas ou très peu d'efforts pour parvenir au pouvoir – même si naturellement, il ne le refuserait pas si on le lui proposait –, et il n'envisagera pas davantage de prendre part à une action délibérée pour renverser le régime.

S'il en va ainsi, comme vous pouvez en juger d'après le compte-rendu, nous pourrions nous estimer heureux. Il est évident que si le général revenait au pouvoir, il adopterait une politique d'apaisement vis-à-vis de l'Union soviétique, brisant ainsi le système d'alliances actuel. Il n'est pas non plus exclu qu'il puisse tenter de passer un marché avec le Parti communiste français et au moins accepter son soutien, même s'il refuse de le faire entrer au gouvernement comme en 1945. En Afrique du Nord, il est vrai qu'en raison des circonstances, il pourrait parvenir à une sorte d'association

---

1. Le 5 juillet 1945, ont lieu les élections du parlement britannique. Si Churchill se rend à la première partie de la conférence de Potsdam, le 17 juillet 1945, le Parti conservateur est battu et il démissionne.

*De Gaulle ne reviendra pas*

entre le Maghreb et la France ; j'ai bien peur que si on en arrive là, son sens de l'honneur national et sa haine des interventions étrangères l'empêchent de négocier avec le FLN, à moins qu'il n'y ait victoire militaire. En tout cas, on ne peut que trop deviner ce qu'il adviendra de la Communauté économique européenne si le général revient au pouvoir.

Une fois la lecture finie, et comme je m'apprêtais à partir, le général s'est soudain levé et a tenu un discours sur l'Angleterre. L'Angleterre, a-t-il dit, est un pays formidable qu'il tient en haute estime. Il n'oubliera jamais ce qu'il s'est passé en 1940 et bien qu'il ait eu une relation tumultueuse avec Sir Winston Churchill, il a toujours voué le plus grand respect à cet homme qui incarne l'esprit de l'Angleterre. Il est vrai qu'il a été profondément blessé par la façon dont on l'a traité lors de l'affaire syrienne. Cela non plus, il ne l'oubliera jamais. Mais en définitive, l'Angleterre est et restera selon lui l'une des nations les plus remarquables du monde. À ce moment-là, l'émotion qui l'avait progressivement gagné lors de la lecture du passage de la chute de Sir Winston Churchill l'a submergé et ses yeux se sont remplis de larmes. J'ai répondu de façon adéquate – tout du moins je le crois – quant à mes sentiments pour la France, et j'ai réussi à m'en aller. Quoi qu'on dise au sujet du général, il faut bien admettre qu'il ne ressemble à personne, aussi bien physiquement que psychologiquement.

Je vous prie de recevoir, Monsieur, l'expression de mes sentiments respectueux.

Gladwyn Jebb

*Source : PREM 11/2339. Political crisis in France : events leading up to investiture of General de Gaulle as President of Council 1958.*

# LE RETOUR

On peut imaginer la stupéfaction des diplomates du Foreign Office, anesthésiés par les dépêches rassurantes de leur ambassadeur à Paris, quand, en quelques semaines, le diable de Gaulle parvient à reprendre le pouvoir. Que va-t-il se passer pour les Britanniques maintenant que de Gaulle est de retour ? Mais tiendra-t-il seulement, étant donné les conditions dans lesquelles il est revenu aux affaires ? Le 13 mai 1958, l'insurrection d'Alger a provoqué la crise et après plusieurs semaines d'agonie, la IV$^e$ République, par la voix de son président René Coty[1], a demandé *« au plus illustre des Français »* de diriger le pays. Bien sûr, de Gaulle n'a pas désavoué le travail de sape et d'agitation des multiples réseaux et officines à l'origine de l'opération « Résurrection[2] », qui a achevé de liquéfier le pouvoir dont il s'est saisi. Mais il refusera toujours de la reconnaître. Pour les Britanniques, aucun doute, il s'agit bien d'un coup d'État, comme ils le rappelleront à plusieurs reprises dans leurs dépêches à venir.

Pour l'instant, il faut parer au plus pressé et c'est donc Gladwyn Jebb, ambassadeur britannique, qui est envoyé en reconnaissance, prélude à une visite du Premier ministre britannique, Harold Macmillan, qui se déroulera les 29 et 30 juin. Celui-ci sera accueilli à l'aéroport par de Gaulle, marque forte pour cet

---

1. René Coty (1882-1962), président de la République du 18 janvier 1954 au 8 janvier 1959.
2. Nom générique donné aux complots visant à faire revenir de Gaulle au pouvoir, à partir du nom de l'opération du même nom – la prise de la Corse par le général Jean-Robert Thomazo, le 26 mai 1958.

*Le retour*

homme qui prétend connaître le nouveau président du Conseil mieux que quiconque en raison de leur passé commun algérois durant la guerre (voir l'introduction). Il a même écrit à la Reine que de Gaulle serait un interlocuteur valable pour peu qu'on le traite *« avec gentillesse et politesse »*. Mais lui aussi se trompe lourdement.

Car ce n'est pas le de Gaulle de mars, vieilli et maussade, que rencontre l'ambassadeur, mais un homme débordé et *« en tout point considérablement plus rude »*, selon sa courte note de commentaire de l'entretien de vingt-cinq minutes qu'il a eu avec de Gaulle. Celui-ci brosse avec vigueur un panorama des sujets qui fâchent. D'abord la prochaine conférence internationale sur le désarmement, puis l'Union soviétique, l'OTAN, enfin l'Europe, qu'il balaie d'un revers de main. Mais surtout, comme il l'écrira dans ses *Mémoires d'espoir*, il *« hisse les couleurs »* et affirme sa position sur des points essentiels. La France aura la bombe atomique, et sans l'aide des Anglo-Saxons. De Gaulle veut une bombe nationale, sceptre absolu du monarque nucléaire qui sera issu de la nouvelle Constitution que prépare son garde des Sceaux, Michel Debré[1]. La France aura aussi son mot à dire sur le Moyen-Orient, encore et toujours zone de friction avec les Anglo-Saxons. Enfin, il y a l'Algérie, qui compromet sérieusement, comme l'explique l'ambassadeur, toute diplomatie d'avenir avec la Grande-Bretagne dans cette région. De Gaulle l'affirme, une solution sera trouvée rapidement. Quant au soutien britannique que lui propose l'ambassadeur à l'ONU – ce « machin » –, lors des cessions consacrées à l'Algérie, de Gaulle en reste étonné. Il n'y avait même pas pensé.

\*

---

[1]. Il lui faudra quand même attendre le 13 février 1960 pour que la première bombe A française explose à Reggane, dans le Sahara algérien, onze ans après la première bombe soviétique et huit après le premier tir britannique.

*Le retour*

Secret

De Paris au Foreign Office

Sir G. Jebb
N° 331, 25 juin 1958
Émis à 23 h 01
Reçu à 23 h 40

Urgent

Télégramme n° 331 du 25 juin du Foreign Office
Répété pour information à Washington

J'ai vu le général de Gaulle à 18 heures et je suis resté avec lui environ vingt-cinq minutes. Il était apparemment débordé de travail mais il a écouté avec courtoisie ce que j'avais à lui dire et a paru flatté des compliments par lesquels j'ai commencé. En partant, j'ai croisé le général Salan par hasard.

Dans la mesure où je savais que je ne disposerais que de très peu de temps, et me fondant sur votre télégramme mentionné en référence, j'ai débuté en donnant au général une brève indication sur le type de questions qui, comme je le suggérais, pourrait certainement être soulevé au cours des conférences, lui expliquant qu'il ne s'agissait pas d'un ordre du jour mais plutôt d'une tentative pour tâter le terrain et identifier les enjeux. Le général a dit que toutes ces questions devaient être soumises, que nous devrions si possible y apporter des réponses. Il pensait que je les avais bien formulées. Il m'a demandé si je souhaiterais faire le moindre commentaire. Ce qui a mené à la discussion suivante :

a) Concernant la conférence du sommet, il était plutôt d'accord sur le fait que, aussi minces que soient nos espoirs lors d'une réunion, nous devrions néanmoins pousser plus loin les négociations. Dans sa réponse à Khrouchtchev, il s'est lui-même attardé sur la nécessité d'une évolution du désarmement, désarmement qu'il entendait comme un tout. En d'autres mots, de son point de vue, il ne servait à rien de discuter de la suspension des tests nucléaires si celle-ci ne faisait pas partie d'un plan global de désarmement.

b) Concernant la politique russe, il pensait que les Russes auraient de plus en plus de difficultés à conserver leurs satellites. Il ne croyait pas que le simple fait d'exécuter Imre Nagy[1] puisse apaiser la révolte hongroise à long terme, alors que les Polonais seraient toujours dans un état de semi-révolte, quelles que soient les mesures prises par les Russes pour les calmer. Cependant, en ce qui nous concerne, il ne serait pas en faveur d'une quelconque action positive destinée à provoquer les opposants au sein des pays satellites. D'autre part, nous avons besoin de tout mettre en œuvre pour les apaiser. Généralement, il semblait penser que la constante effervescence des satellites serait une bonne chose. Non pas qu'il verserait la moindre larme pour M. Nagy qui était, après tout, « *un communiste comme tous les autres* ». Quant aux objectifs culturels français, on pourrait y revenir, et il semblait reconnaissant de cette suggestion.

c) <u>OTAN</u>. Ici, il a affirmé avoir une opinion tout à fait arrêtée. Il n'était naturellement pas disposé à faire quoi que ce soit qui puisse troubler l'alliance, dont il reconnaît toujours la valeur considérable. Mais il a certaines objections claires à faire, qui, l'espère-t-il, mèneront à des réformes. En premier lieu, il y a le « *monopole anglo-saxon* », par lequel, une fois que je l'eus interrogé à ce sujet, il semblait entendre le fait que seuls les Américains et les Britanniques

---

1. Imre Nagy (1896-1958), deux fois chef du gouvernement hongrois. À la suite de l'insurrection de Budapest en 1956, il est jugé et pendu le 16 juin 1958.

*Le retour*

pouvaient en réalité lancer une guerre atomique quand ils le voulaient. On n'accepterait jamais une telle chose en France, et il pouvait m'affirmer, ici et maintenant, qu'il était absolument certain que la France aurait bientôt sa propre bombe atomique. Ce pourrait être l'affaire d'un mois ou de plusieurs, il ne pouvait pas me le dire exactement, mais nous devons savoir que sous peu, la France possédera cette arme. (J'ai compris qu'il avait vu son atomiste ce matin-là.) Bien sûr, c'est un sujet dont il discuterait principalement avec M. Dulles[1], mais il serait aussi parfaitement disposé à en parler avec le Premier ministre. Son objectif était tout simplement, comme il l'a affirmé, que la France ait – au même titre que les États-Unis et le Royaume-Uni – son mot à dire quant à l'utilisation de l'arme atomique en temps de guerre.

d) Il y avait une autre affaire liée à l'OTAN, l'installation de rampes de lancement de missiles en France. Il n'accepterait cela en aucun cas, à moins que les missiles ne soient sous *contrôle*\* français. J'ai tenté de lui faire dire ce qu'il entendait exactement par *contrôle*\* mais il a fait comme si c'était trop évident pour être expliqué. Il a cependant ajouté que si besoin, les Américains pourraient aussi avoir le *contrôle*\*, mais j'ai eu l'impression qu'il voulait que ces missiles soient en fait maniés par des techniciens français comme américains.

e) Autrement, il était tout à fait favorable à ce que la France joue un rôle plus important du côté conventionnel de la défense de l'OTAN. Malheureusement, la France était pour le moment plutôt gênée par la nécessité de maintenir des forces importantes en Algérie. Mais sur ce sujet, il pouvait m'assurer sans hésitation que l'affaire algérienne serait réglée sous peu d'une façon ou d'une autre. Cela pouvait bien entendu continuer presque indéfiniment dans les

---

1. John Foster Dulles (1888-1959), ministre des Affaires étrangères des États-Unis.

montagnes, mais on devrait prendre une décision relativement rapide concernant les villes et les plaines.

f) J'ai ensuite brièvement évoqué l'Europe, expliquant que, telle que j'avais compris sa position, il n'était pas enclin à revenir sur quoi que ce soit qui eût été convenu au nom de la France, ou à rejeter des <u>faits accomplis</u>. Le général a dit qu'il en était ainsi, mais quels étaient ces « <u>faits accomplis</u> » ? *The Iron and Steel Authority* n'avait jamais vraiment rien signifié : Euratom[1] n'était pas d'une grande importance ; il ne restait que le Marché commun, qui était bien entendu important, et auquel la France devrait certainement s'adapter au fil des années. Il a plutôt bien pris nos propres préoccupations quant à la façon dont le Royaume-Uni et d'autres pays européens pourraient être associés au Marché commun, et il a semblé accepter mes assurances quand je lui ai dit que la dernière chose souhaitée était de torpiller l'association des Six, et qu'il s'agissait seulement de trouver un accord élémentaire de coopération économique avec cet organisme.

g) Au sujet du Moyen-Orient, j'ai dit qu'au risque de lui déplaire, je ne pouvais masquer le fait que la guerre en Algérie rendait extrêmement difficile toute étroite coopération avec la France dans cette zone (chose que nous souhaiterions en principe ardemment). Il était de la même façon évident que les Arabes tendaient à croire que la France était le protecteur principal de l'État d'Israël. Le général m'a un peu réfréné lorsque j'ai dit cela, et a ajouté qu'il pouvait seulement affirmer que si nous et les Américains allions au Liban[2], les Français interviendraient aussi. Cela était un simple état

---

1. Euratom (ou CEEA, Communauté européenne de l'énergie atomique) est un organisme public européen entré en vigueur le 1ᵉʳ janvier 1958 et destiné à organiser la recherche nucléaire au sein de l'Europe.
2. La crise qui a éclaté au Liban entre factions politiques rivales entraînera l'intervention des États-Unis le 15 juillet 1958.

*Le retour*

de fait et il n'accepterait jamais d'agir autrement. La France avait toujours un *« intérêt considérable »* pour le Moyen-Orient, et ses alliés n'avaient aucune raison de l'empêcher de le protéger. En le voyant prendre parti si catégoriquement, je n'ai pas insisté sur le sujet, affirmant seulement que c'était une des affaires dont il devrait s'entretenir avec le Premier ministre.

h) Nous sommes ensuite passés à l'Algérie, et j'ai dit que bien que le Premier ministre ne souhaite pas soulever cette question de lui-même, il serait extrêmement intéressé si le général pouvait pour sa part lui donner des indications sur ce qu'il avait en tête et à quel type de présence il entendait parvenir dans cette partie du monde. J'ai ajouté que le général me paraissait être la seule personne capable de trouver un *« nouvel accord »* en Algérie et que s'il y parvenait, je pouvais assurer que nous lui apporterions tout notre soutien. À ce moment-là, le général a marmonné : *« Quel soutien ? »* Et j'ai dit qu'après tout, dans une telle situation, nous pourrions être en mesure d'exercer notre considérable influence aux Nations unies. Le général a dit que c'était vrai, il n'avait pas envisagé cela sous l'angle des Nations unies. Naturellement, les Nations unies lui importaient peu mais il ne fait aucun doute que nous pourrions lui être utiles en ce sens-là.

i) Concernant la presse, il pensait qu'un communiqué très court ferait l'affaire et j'ai compris qu'il n'avait pas d'opinion arrêtée sur ce point, que ce soit dans un sens ou dans l'autre.

Voir mon télégramme qui suit immédiatement.

*

*Le retour*

Secret
De Paris au Foreign Office

Sir G. Jebb
N° 332, 25 juin 1958
Émission 23 h 37
Reçu 23 h 51

Urgent

Le général était beaucoup moins mélancolique que la dernière fois où je l'ai vu, mais de façon générale, moins charmeur et désireux de plaire, et en tout point considérablement plus rude. Son opinion au sujet de l'OTAN n'est pas aussi désastreuse que ce à quoi je m'attendais en me souvenant de notre entrevue de mars dernier, et je pense qu'il n'est absolument pas nécessaire de considérer que les sombres pensées qui, dans un moment de frustration, peuvent agiter un grand homme d'État en opposition perdureront lorsqu'il sera à nouveau maître de la situation. Il est néanmoins évident que concernant le programme atomique français, les rampes de lancement, le Moyen-Orient et éventuellement (bien que je ne pense pas que ce soit forcément le cas) l'Europe, nous allons faire face à de nouvelles difficultés, et vous songerez sans aucun doute aux meilleures tactiques pour les surmonter. Si vous l'acceptez, je pense qu'il pourrait être utile de couvrir le même terrain avec Joxe[1] (j'ai entendu dire que Couve de Murville[2] était extrêmement occupé).

*Source : FO 371/137276. Visits by Prime Minister to France for talks with General de Gaulle on 29 and 30 June.*

---

1. Louis Joxe (1901-1991), diplomate, futur ministre. Il mènera les négociations d'Évian avec le FLN.
2. Maurice Couve de Murville (1907-1999), ministre des Affaires étrangères de 1958 à 1968.

# UN PUR PRODUIT
## DU GÉNIE NATIONAL FRANÇAIS

Gladwyn Jebb, cette fois, semble converti au gaullisme. Dans cette dépêche, pointe sous les propos de l'ambassadeur de la Couronne une réelle admiration de la façon dont le général de Gaulle a géré la décolonisation de l'Afrique noire. Même si celle-ci avait débuté sous la IVe République avec la loi-cadre de Gaston Defferre en 1956, la naissance, après le référendum du 28 septembre 1958, de onze Républiques d'Afrique et de la République malgache, réunies dans la Communauté, est un succès. Mais de courte durée. Celle-ci ne résistera pas au désir de la plupart de ces États d'avoir une place à l'ONU et c'est le général de Gaulle, convaincu par son Premier ministre Michel Debré, qui donne le coup d'envoi de l'indépendance, le 13 décembre 1959, à Dakar, dans un discours prononcé à l'Assemblée fédérale du Mali[1]. Il accepte que celui-ci accède « *à la souveraineté internationale avec l'appui, l'accord et l'aide de la France* ». La Communauté cède la place à la Coopération. Dans ses dépêches, l'ambassadeur dresse également un portrait d'un de Gaulle bien pessimiste sur l'avenir de l'Afrique.

\*

---
1. Ancien Soudan français, le Sénégal et le Soudan se regroupent le 4 avril 1959 pour former la Fédération du Mali, qui devient indépendante le 20 juin 1960 avant de se scinder en deux États, le Sénégal et le Mali.

*Un pur produit du génie national français*

Au Premier ministre

### Le général de Gaulle, la Communauté française et le Mali

Le général présidait la semaine dernière, au Sénégal, à la sixième session du Conseil exécutif de la Communauté française. Il s'est aussi rendu à Dakar, la capitale du Mali, qui deviendra indépendant l'année prochaine. Ses visites ont été marquées par un extraordinaire triomphe personnel et je recommande que vous le félicitiez sur la façon dont il a géré la situation. Vous trouverez ci-joint deux télégrammes du rapport de Dakar au sujet de la visite [...].

Le général, par sa remarquable autorité personnelle, l'a emporté sur les membres de la Communauté opposés à l'idée que des États puissent devenir indépendants tout en conservant des liens avec la Communauté. En conséquence de quoi, on lui a réservé au Mali un accueil impressionnant, et il semblerait que les négociations pour l'indépendance du Mali se fassent sans à-coup et que le Mali souhaite garder une étroite association avec la France, une fois son indépendance acquise. Cela devrait ouvrir la voie au développement d'autres États africains de la Communauté qui, pour des raisons nationalistes, veulent devenir nommément indépendants (et membres des Nations unies) tout en maintenant leurs liens avec la Communauté. Le succès du général à Dakar a certainement beaucoup contribué aux perspectives de voir évoluer paisiblement les États français d'Afrique, ce qui constitue un intérêt aussi bien occidental que français.

Je me dois néanmoins de vous avertir que le général est extrêmement sensible à toute remarque suggérant que la Communauté se développe sur le modèle du Commonwealth.

*Un pur produit du génie national français*

Il déteste cette comparaison et insiste sur le fait que la Communauté est un pur produit du génie national français.

18 décembre 1959<br>Gladwyn Jebb

*

Ambassade britannique
Paris, 2 mars 1960
Envoi n° 32

Monsieur,

J'ai l'honneur de vous informer que le 1ᵉʳ mars, j'ai rendu visite au général de Gaulle afin de lui faire part de certaines de mes impressions concernant mon récent voyage officiel en Afrique française. À cette fin, j'avais déjà communiqué au chef de cabinet du général le texte attaché d'une émission enregistrée samedi dernier, le 27 février […].

Lorsque je l'ai vu, le général a dit avoir lu le document et l'avoir trouvé très intéressant. Il m'a alors demandé à quelles conclusions plus personnelles j'étais parvenu. Je lui ai dit que je n'avais rien exagéré lorsque j'ai affirmé dans mon émission que son discours à Dakar du 13 décembre dernier avait entièrement transformé la situation. Les relations entre les Français et les politiciens locaux m'ont partout semblé excellentes et il y a maintenant de très grandes chances de réussir à apporter une nouvelle définition satisfaisante des liens entre la métropole et les États de la Communauté française en Afrique.

Le général n'a pas paru particulièrement flatté par les propos tenus durant cette émission, bien que j'ose avancer qu'il

*Un pur produit du génie national français*

l'était vraiment. Il a haussé les épaules, fait une « moue » expressive et remarqué que son discours faisait simplement partie d'un développement historique inévitable. Il était primordial, si possible, de garder un semblant de lien avec la France – et donc avec le monde occidental – dans ces zones mais aucune d'entre elles n'étaient réellement un État à proprement parler. Il était conscient, tout comme je l'étais, de combien un véritable État est long à créer, et à quelles difficultés on se heurtait, même une fois celui-ci formé. Ce qu'on appelle les nouveaux États en Afrique ne sont finalement que des expressions géographiques, avec ici et là une tribu puissante imposant ses caractéristiques particulières. Il ne semblait pas optimiste au sujet de leur développement futur. Quant au fait qu'ils soient devenus membres des Nations unies, c'était une mascarade complète, bien qu'inévitable : « Mais enfin, mon cher ambassadeur, cette organisation n'est plus rien de toute façon. »

J'ai dit que bien que je ne pensais pas que la création de vingt-quatre nouveaux États nègres[1] vienne vraiment renforcer le prestige des Nations unies, je n'étais pas de l'avis que cette organisation ne valait plus rien, et nous avons eu un débat amical sur ce que les Nations unies pouvaient ou ne pouvaient pas faire, et si dans leur ensemble, elles étaient ou non ridicules d'un point de vue politique. Un de mes arguments a semblé légèrement impressionner le général : si les Nations unies disparaissaient, il serait peut-être moins probable que l'Amérique aspire à jouer le moindre rôle mondial, ce qui serait désastreux pour l'Occident en général.

Nous sommes ensuite revenus à l'Afrique et j'ai dit que j'en avais aussi conclu que si des États comme le Mali ou Madagascar, et sans aucun doute la Côte d'Ivoire, avaient

---

1. « I said that though I did not think that the advent of about twenty four new negro states... »

*Un pur produit du génie national français*

certainement la possibilité de s'organiser en États assez efficaces, les autres n'étaient indubitablement, comme le général l'avait dit, rien de plus que des expressions géographiques, et le danger serait de les voir basculer dans l'anarchie. Le général ne m'a pas dit le contraire, bien qu'il continue de considérer l'avenir de l'Afrique avec une sorte de léger pessimisme.

Après cela, nous en sommes venus à parler de personnalités et nous avons eu une discussion tout à fait amusante sur les excentricités de certaines figures locales d'importance dont j'avais fait la connaissance pendant mon voyage. Mais je pense que je ferais mieux de traiter ce sujet dans un autre envoi, que je propose de vous adresser sur mon tour en général.

Je fais suivre des copies de cet envoi à notre représentant permanent aux Nations unies et au consul général de Sa Majesté à Dakar.

Veuillez agréer, Monsieur, l'assurance de mes sentiments distingués.

Gladwyn Jebb

*Source : Views of General de Gaulle on future of French colonial territories in Africa, PREM 11/2888. 1959-1960.*

# LA SEMAINE DES BARRICADES

C'est la première crise de régime que doit affronter de Gaulle. Et les Britanniques, malmenés depuis son retour aux affaires, ne seraient peut-être pas malheureux qu'elle lui soit fatale. Ce 29 janvier 1960, le général de Gaulle a revêtu l'uniforme pour s'adresser aux Français à la télévision, le consul général britannique à Alger rendant compte, avec un brin d'enthousiasme, de l'effet définitif de cette apparition qui brise net la rébellion débutée cinq jours plus tôt dans la ville. À l'origine, l'interview donnée par le général Jacques Massu[1], grognard du gaullisme et commandant en chef du corps d'armée d'Alger, au journal munichois *Süddeutsche Zeitung*, dans lequel il dit tout le mal qu'il pense de la politique d'autodétermination de l'Algérie annoncée par de Gaulle le 16 septembre 1959. Pire, il annonce que l'armée ne le suivra pas. Rappelé à Paris, l'idole des Européens d'Algérie, celui qui a brisé le FLN durant la bataille d'Alger trois ans plus tôt, est relevé de son commandement tandis que la fièvre monte brutalement. Le 24 au matin, des barricades se dressent dans la ville. Le député Pierre Lagaillarde installe un camp retranché dans les facultés de droit tandis que les unités territoriales, constituées de civils armés, sont menées par un cafetier fort en gueule, Jo Ortiz, déjà présent, comme Lagaillarde, lors du « coup » du 13 mai 1958 pour faire revenir de Gaulle au pouvoir.

---

1. Le général Jacques Massu (1908-2002) rejoint la France libre dès juin 1940, sert sous le général Leclerc dans la 2$^e$ DB. Compagnon de la Libération, il dirige la reprise de Saigon au Viêt-minh en 1946, commande la 10$^e$ division parachutiste durant l'expédition de Suez, puis pendant la bataille d'Alger. Il quitte l'Algérie en 1960, est nommé commandant en chef des forces françaises en Allemagne en 1966.

## *La semaine des barricades*

En fin d'après-midi, les gardes mobiles envoyés déblayer le terrain sont accueillis à coups de fusils. Quatorze d'entre eux sont tués ainsi que six Algérois tandis que les blessés se comptent par dizaines. Le lendemain, de Gaulle parle au pays mais dans la tourmente qui vient de se lever, personne ne l'entend. Pendant plusieurs jours, ceux qui doivent agir à Alger, le délégué général Paul Delouvrier[1] et le général Challe[2], commandant en chef, tergiversent tant ils craignent de ne pas être suivis par l'armée. Un manque d'initiative qui exaspère de Gaulle, d'autant qu'autour de lui, la panique règne. C'est donc à lui de reprendre les choses en main, chose faite dès qu'il a parlé. Car dans le même temps, des ordres implacables ont fusé de l'Élysée et la rébellion est vite matée. Lagaillarde file à la prison de la Santé tandis qu'Ortiz parvient à prendre la fuite. Pour tous ceux qui, côté britannique, pariaient sur une chute de régime et un départ de De Gaulle, la situation est claire : il tient le pays bien en main, ce qui augure d'un avenir médiocre pour la Grande-Bretagne.

\*

CONFIDENTIEL

N° 11
Consul général britannique
Alger, 6 février 1960

Monsieur,

Dans mon envoi n° 6 du 28 janvier, je vous faisais part le soir même du récit de l'insurrection d'Alger, alors que nous étions en plein cœur du drame. M. Delouvrier, le délégué

---

1. Paul Delouvrier (1914-1995), délégué général du gouvernement en Algérie.
2. Général Maurice Challe (1905-1979). Il a remplacé le général Salan en décembre 1958 au commandement en chef de l'armée en Algérie.

## La semaine des barricades

général, a quitté Alger pour les quartiers généraux opérationnels du général Challe, situés hors de la ville, et vient de diffuser un appel aussi extraordinaire qu'impressionnant, mentionné dans mon envoi n° 8 du 5 février [...].

Dans cet envoi, j'ai l'honneur de vous rendre compte des événements ayant eu lieu dans les jours qui ont suivi la capitulation des insurgés, le 1$^{er}$ février.

L'effet provoqué par le discours de M. Delouvrier a été quelque peu atténué, puisqu'on se souciait davantage de ce que le général de Gaulle dirait dans son appel prévu pour le 29 janvier au soir. En dépit de l'impressionnant discours de M. Delouvrier, les musulmans d'Alger n'ont organisé aucune manifestation pro-de Gaulle. Il est néanmoins envisageable que ses mots les encouragent à résister aux Européens qui les poussent à montrer leur solidarité avec les insurgés en défilant de la casbah au centre-ville. (La veille, des soldats de l'armée de terre se sont rendus dans la vieille ville pour tenter d'organiser une manifestation, mais sans succès.) L'impact a été plus important hors des trois départements algériens et la délégation générale des corps musulmans a commencé à recevoir des télégrammes de soutien. En apparence, il semble y avoir peu de changements à Alger, à l'exception d'une levée partielle de la grève. D'autre part, à Oran et à Constantine, les zones de commandement, les généraux Cambiex et Olié ont répondu à l'appel du délégué général et annoncé qu'eux et leurs hommes obéiraient aux ordres du commandant en chef. Les unités de l'armée territoriale d'Oran se sont soumises à l'autorité militaire.

Les effets du discours du général de Gaulle se sont fait sentir presque immédiatement – prière de se référer à mon envoi n° 10 du 6 février. Bien qu'il ait dit peu de choses auxquelles on ne s'attendait pas, sa détermination à toute

## La semaine des barricades

épreuve a ébranlé le moral des partisans de l'insurrection, et n'a sans doute pas été sans effet sur celui des insurgés. Le discours a été décisif pour tous les soldats, et deux jours plus tard, le général pouvait annoncer que l'armée était à nouveau sur pied. Des télégrammes de soutien de corps officiels de tout le pays ont afflué et leur nombre ne cesse de croître. Dans la journée du 30 janvier, les soldats de l'armée de terre ont reçu l'ordre de se présenter à leurs quartiers généraux à 16 heures, sous peine d'être considérés comme déserteurs. Cet ordre, ainsi que la nomination, la veille, du commandant Sapin-Lignière au poste de commandant des brigades de l'armée de terre de la ville d'Alger, visait non seulement à reprendre le contrôle de l'armée de terre mais aussi à les séparer du reste des insurgés, privant ainsi ces derniers de leurs plus grandes forces. M. Delouvrier a aussi annoncé que le général Crépin, le commandant des départements d'Alger qui a succédé au général Massu, avait reçu les pleins pouvoirs pour restaurer l'ordre à Alger et que des mesures étaient finalement prises par les autorités militaires pour isoler la zone barricadée. Tôt dans la soirée, la foule a réussi à forcer le barrage des parachutistes et à s'approcher des barricades. Des mesures de contrôles plus sévères ont immédiatement été prises, et avec l'annonce que la grève prendrait fin le 1er février, tout indiquait que les autorités reprenaient peu à peu le contrôle de la situation.

Dimanche 31 janvier au matin, il était évident que les parachutistes, aussi bien les *Bérets rouges** des régiments français que les *Bérets verts** de la Légion étrangère, avaient vraiment l'intention d'encercler les insurgés. Des véhicules militaires ont bloqué toutes les sorties, où les troupes ont pris position, et même l'explosion d'une bombe lancée par un terroriste du FLN, qui a causé de graves dégâts chez les militaires, n'a pas eu raison des mesures prises pour isoler les insurgés. Le premier ordre du jour du général Crépin

## *La semaine des barricades*

était de faire cesser la grève le lendemain. Derrière les barricades, il régnait malgré tout une effervescence croissante et les insurgés ont annoncé par haut-parleur et diffusé par radio un message annonçant que les autorités leur lançaient un ultimatum. Ce que l'armée s'est empressée de nier. Toutefois, un peu avant la tombée de la nuit, deux groupes de l'armée de terre ont quitté la zone barricadée et, comme on l'a appris plus tard, les négociations entre insurgés et autorités se sont poursuivies jusque tard dans la nuit, négociations dans lesquelles le colonel Dufour, du 1er régiment de la Légion étrangère, a joué un grand rôle. À 11 heures le lendemain matin, le 1er février, un membre du personnel de M. Lagaillarde a annoncé qu'on était parvenu à un accord pour les volontaires souhaitant partir avec leurs armes rejoindre un commando spécial[1] rattaché au 1er régiment de parachutistes de la Légion étrangère chargé de combattre le FLN et, pour tous ceux qui désirent rentrer chez eux, qu'ils sont libres de le faire après avoir laissé leurs armes derrière eux. Un peu plus tard, le colonel Dufour est arrivé et a dit avoir annoncé aux insurgés qu'il leur avait obtenu des conditions honorables. Les insurgés ont ensuite défilé en formation pour attendre les véhicules militaires qui les transporteraient au camp de la Légion étrangère, dans la banlieue d'Alger. M. Lagaillarde les accompagnait, et comme les conditions de la capitulation ne prévoyaient rien pour son cas, il a été directement envoyé à Paris, où on se chargerait de le juger pour son rôle joué pendant l'insurrection. On a appris plus tard que M. Ortiz s'était échappé pendant la nuit et au moment où je vous écris, on pense toujours qu'il se cache. Entre-temps, avec la fin de la grève, la vie à Alger revenait peu à peu à la normale. Ainsi s'est achevé ce mouvement insurrectionnel, qui avait commencé huit jours plus tôt.

---

1. Le commando Alcazar, ainsi nommé en référence aux cadets franquistes retranchés, en septembre 1936, dans l'Alcazar de Tolède.

*La semaine des barricades*

[...]

Il ne faut pas chercher bien loin pour expliquer ce qui a causé l'échec de l'insurrection. C'est bien sûr la volonté de fer du général de Gaulle, quand il a exigé qu'on obéisse à ses ordres et à ceux de son gouvernement légalement constitué. Il a été salué par un soutien presque unanime de l'opinion publique française, qui a convaincu les éléments de l'armée les plus hésitants et assuré la fidélité de l'ensemble des forces militaires. Grâce à cette cohésion, il ne s'agissait ensuite plus que d'une question de temps avant que les insurgés ne se rendent. Les treize complots mis au jour par les frères Bromberger dans leur célèbre livre *Les Treize Complots du 13 mai* n'étaient pas nécessaire au *coup d'État*\* de 1958, mais sans cette coopération des activistes locaux européens, des dissidents des forces armées et des puissants intérêts politiques en France militaire, le coup n'aurait jamais pu avoir lieu. Dans notre cas, au moins l'un des éléments – à savoir le soutien de la France métropolitaine – n'était pas à portée de main lorsque le faible gouvernement de 1958 a été remplacé par la force du général de Gaulle. De plus, dans notre cas, contrairement au 13 mai 1958, aucun officier supérieur ne s'est ouvertement déclaré en faveur de l'ennemi et rangé du côté des insurgés pour les mener.

Source : FO 371/147331. *Algeria internal political situation.*

# LE SACRE DE LONDRES

Jamais un chef d'État n'avait reçu de tels honneurs de la part des Britanniques. Mais si le voyage officiel à Londres du général de Gaulle qui a lieu du 5 au 8 avril 1960 est un triomphe auquel il consacrera plusieurs pages dans ses futures *Mémoires d'espoir*, les services du protocole vont avoir bien du mal à satisfaire certaines de ses exigences.

L'invitation lui avait été adressée dès le mois de juin 1959 par la reine Élisabeth II, admiratrice de la première heure du chef de la France libre. « *La reine désire en effet recevoir le général de la façon la plus spectaculaire possible, en souvenir de sa dernière visite à Paris qui fut extraordinaire*[1] », expliquent, dans leurs nombreux échanges, les services du protocole. Ceux-ci font en sorte que la reine accueille le général à la gare Victoria et non à Waterloo Station – pour ne pas le froisser –, puis c'est une promenade en carrosse royal sur le Mall, le privilège exceptionnel de la revue de la garde, un feu d'artifice comme on n'en avait pas vu depuis 1914 et dans lequel apparaît une croix de Lorraine flamboyante, un discours à Westminster devant les deux chambres réunies, les acclamations du peuple de Londres, bref un « *spectacle fabuleux dont seuls les Anglais ont la recette* », écrit alors *Le Monde*[2]. De Gaulle rend également visite à Churchill, « *lumière qui s'éteint* », écrira-t-il,

---

1. Du 8 au 11 avril 1957, la reine Élisabeth II d'Angleterre effectuait sa première visite officielle en France.
2. Agnès Tachin, *Amie et Rivale : La Grande-Bretagne dans l'imaginaire français à l'époque gaullienne*, Peter Lang, 2009.

## Le sacre de Londres

et qui lui répète : « *Vive la France ! – les derniers mots que j'entendrais de lui.* »

Bien sûr, les arrière-pensées politiques sont nombreuses. Depuis le retour du général au pouvoir, la position internationale de la France ainsi que sa situation économique se sont renforcées. La position tranchée du général au sujet de l'entrée de la Grande-Bretagne dans l'Europe, sans oublier le troisième volume de ses *Mémoires de guerre* publié à l'automne 1959, dans lequel il fustige à nouveau les Britanniques, font que certains estiment que l'Entente cordiale est morte. Il faut donc que cette visite soit un coup d'éclat et apparaisse aux yeux des deux peuples comme une renaissance de la relation franco-britannique. Un casse-tête pour les diplomates car le général n'est pas un visiteur facile. Il exige de venir en avion malgré les aléas de la météo, refuse un diplôme qui devait lui être délivré par l'université d'Oxford – « *Il agit ainsi car il veut passer tout son temps en Angleterre comme chef d'État* », explique un diplomate. Une question cruciale agite les diplomates : faut-il débarrasser le Royal Chelsea Hospital, l'équivalent de nos Invalides à Paris, de ce qui peut rappeler les défaites de la France contre les armées britanniques ? Heureusement, Yvonne de Gaulle leur pose moins de problèmes. Elle n'a formulé qu'une demande, modeste : visiter un hôpital pour enfants handicapés mentaux, la cause qu'elle défend en souvenir d'Anne de Gaulle, la fille du couple, née trisomique et décédée à 20 ans, en 1948[1].

\*

---

1. En octobre 1945, Yvonne avait acheté le château de Vert-Cœur, à Milon-la-Chapelle (Yvelines), afin d'y installer une maison de santé pour les jeunes filles handicapées sans ressources, devenue la fondation Anne-de-Gaulle, qui existe toujours.

*Le sacre de Londres*

CONFIDENTIEL

22 février 1960
M. Tomkins

Objet : Visite d'État du président de Gaulle.

DISCUSSION DU PROGRAMME ENTRE M. CHAUVEL
ET LE PRÉSIDENT (Y COMPRIS L'ANNONCE
DU TUNNEL SOUS LA MANCHE)

1$^{er}$ document daté : 10 février 1960
Dernier document reçu : 19 février 1960

L'ambassadeur français s'est rendu à Paris au début de la semaine et a déjeuné hier avec le président de Gaulle afin de discuter du programme de sa visite d'État. Le président a approuvé chacun de ses points [...].

Il faut naturellement compter sur certaines complications. Tout d'abord, le général insiste pour venir en avion dans la mesure où il a très peu de temps libre au début du mois d'avril. L'ambassadeur français l'a prévenu du chaos que représenterait un éventuel détournement de l'appareil en cas de mauvais temps, insistant sur le fait qu'en prenant cette décision il se soumettait aux hasards des intempéries, mais le général semble convaincu qu'il n'y aura pas de brouillard ce jour-là. (J'imagine que parmi tous les pouvoirs qu'il s'est à présent accordés, il compte aussi s'approprier celui de contrôler la météo.) [...]

À la réception des corps diplomatiques, le général a catégoriquement refusé de recevoir les représentants des missions des États avec lesquels la France n'est pas en relation. Lors d'une réunion avec le chef du protocole à Paris il y a quelques jours, le maréchal des corps diplomatiques a expliqué très prudemment que la réception des corps à Buckingham Palace était organisée par le doyen, qui n'avait pas d'autre choix que d'inviter tous les représentants des missions accréditées à Londres, sans se préoccuper si la France avait des relations avec les pays qu'ils représentaient. J'ai donc bien peur que nous ne puissions pas laisser les choses telles qu'elles sont maintenant et que nous devrions consulter les Français de nouveau à ce sujet-là. Peut-être que M. Malcom, qui recevra une copie de ce compte-rendu, en parlera avec Sir Guy Salisbury-Jones. Sir T. Nugent a suggéré au chef français du protocole que les dispositions prises pour le dîner et la réception à l'ambassade française lors de la visite seraient bien plus faciles si la Reine et tous les membres de la famille royale partaient tout de suite après la fin du dîner et ne restaient pas pour la réception. Les Français paraissaient fortement douter que le général soit d'accord mais sont maintenant heureux de nous faire savoir que l'ambassadeur l'a convaincu que ce serait la meilleure solution.

[...]

Le général de Gaulle a demandé à l'ambassade française de lui faire savoir si Sir Winston Churchill serait à Londres au moment de sa visite et s'il serait possible de prendre des dispositions pour qu'ils se rencontrent le soir du premier jour de sa visite.

J. E. Killick

\*

Ambassade britannique
Paris

17 février 1960

Cher secrétaire d'État,
À mon retour au bureau, j'ai lu les dispositions prises pour la visite d'État du général de Gaulle.

*Le sacre de Londres*

Je remarque qu'au cours de ces négociations il est devenu clair que le général ne souhaite pas recevoir de diplôme à l'université d'Oxford ou être hébergé par le Premier ministre le vendredi soir, et je suppose qu'il agit ainsi car il veut passer tout son temps en Angleterre comme chef d'État. Mais je pense que toute cette affaire est quand même bien ennuyeuse, et je crois qu'il serait envisageable que le général se laisse convaincre si on l'y poussait.

\*

## Visite d'État du président de Gaulle

Avant que la réunion finale du comité présidé par Lord Chamberlain ait lieu le 8 janvier, je m'attendais à ce qu'on finisse par choisir Greenwich et je n'ai donc pas fait de recherches concernant Chelsea. À présent que notre choix s'est arrêté sur Chelsea, je pense que Great Hall sera peut-être un peu juste du point de vue de l'hébergement et que le nombre d'invités ne devrait pas excéder les 200 personnes. Je ne pense pas que cela nous posera trop de problèmes et j'ai maintenant sous les yeux la liste d'invités du déjeuner du président Auriol, afin de voir quels noms nous pourrions retirer pour la réduire. Mais ce désavantage mineur me semble être largement compensé par le charme du Royal Hospital, tout particulièrement la première impression qu'il donnera au général, l'originalité d'être reçu par une garde d'honneur de vétérans et les mérites architecturaux de l'intérieur de l'hôpital. Il faut comme toujours tenir compte de l'inconvénient de Great Hall, qui est généreusement décoré d'étendards français et d'aigles capturés à l'armée française lors de nombreuses batailles dont on peut lire les descriptions en lettres d'or sur les lambris, mais je pense que nous devrions

*Le sacre de Londres*

simplement laisser cela tel quel, sans tenter de donner la moindre explication ou de le dissimuler. Même à Greenwich le plafond est orné de scènes de la destruction de la flotte française à Trafalgar. Étant donnée l'histoire des relations franco-britanniques avant 1900, je doute qu'il soit possible d'éviter que le président ne voie à Londres quelque chose qui puisse l'offenser, s'il choisit d'y prêter attention.

27 janvier 1960<br>J. E. Killick

*

Je commence à douter de la nécessité de laisser ces décorations antifrançaises en place à Chelsea, en dépit de l'accord de Sir Hoyer Millar et du secrétaire d'État. [...] Je serais heureux si vous pouviez me donner votre avis à ce sujet. Nous pourrions bien sûr demander à Sir G. Jebb ce qu'il en pense, mais je suis presque certain qu'il voudrait que nous enlevions ou que nous dissimulions ces objets offensants. En même temps, je suis quelque peu réticent à l'idée de suggérer au gouverneur du Chelsea Hospital, qui s'est donné du mal sur bien des points pour rendre cette visite possible, de changer les décorations habituelles pour plaire au général de Gaulle. Je vous serais reconnaissant de bien vouloir me faire part de votre avis avant que nous ne prenions d'autres dispositions.

28 janvier 1960<br>J. E. Killick

*Le sacre de Londres*

Une grande partie des monuments nationaux à Paris célèbrent les victoires napoléoniennes. Cela me semble tout à fait naturel, et je n'ai jamais vu aucun gouvernement des pays vaincus lors de ces victoires françaises se plaindre ou être offensé en étant invités à prendre part à des cérémonies dans ces monuments. L'Arc de Triomphe en est le parfait exemple. De la même façon, il me semble normal qu'un grand nombre des bâtiments et monuments publics de Londres célèbrent nos victoires lors des mêmes guerres et il serait tout à fait absurde de la part des Français de s'en offenser – et je n'ai jamais entendu parler d'une telle réaction de leur part. Lorsque Napoléon III nous a rendu visite pour la première fois, on tint la majeure partie des célébrations dans la salle Waterloo du château de Windsor. Napoléon III était obsédé de façon morbide par la gloire de son oncle et de ce que j'en sais, il ne se plaignit jamais des reliques de Waterloo dont il était entouré lors de sa visite. Il me semble que lorsque la Reine Victoria se rendit en France à son tour, la garde d'honneur incluait un grand nombre de vétérans de Waterloo, vêtus des uniformes qu'ils portaient à Waterloo. Tout cela eut lieu quarante ans après les guerres napoléoniennes. Cent quarante ans nous en séparent à présent. Je suis convaincu que nous ne devrions pas nous préoccuper davantage de ces étendards français à Chelsea, si c'est là que nous les conservons normalement.

Janvier 1960
Sir A. Rumbold o/r.

Source : FO 371/153906. *State visit of President de Gaulle to UK.*

## PREMIÈRES IMPRESSIONS

C'est un bilan très juste de 1960, année cruciale pour le président de la République française, Charles de Gaulle, que dresse le nouvel ambassadeur de Grande-Bretagne en France, Sir Pierson Dixon, qui succède à Gladwyn Jebb en octobre 1960. Pierson Dixon n'a pas encore rencontré le général de Gaulle mais il a mené son enquête. Ses deux premières années de pouvoir, l'homme du 18 juin – et maintenant du 13 mai – les a utilisées pour établir le cadre juridique et politique de son action future, qui repose sur trois points : mettre fin au drame algérien, relancer une économie malade, et enfin, rendre à la France son rôle international. Dans ce dernier domaine, il combat à la fois l'ONU et l'OTAN, et préfère l'Europe des patries à une quelconque communauté supranationale, toutes positions jugées « *extravagantes* » par l'ambassadeur. Ce retour de la grandeur française a de quoi affoler tous ses partenaires, dont les Britanniques qui avaient été, dans un premier temps, charmés par le nouveau de Gaulle. Autre inquiétude des Anglais : la vilaine accusation d'exercer un pouvoir personnel est devenue une réalité. Le gouvernement de Michel Debré musèle la presse, malmène les opposants et mène une épuration contre tous ceux qui s'élèvent contre lui.

Dans le pays, jamais la situation n'a été aussi tendue, ce que remarque d'emblée Pierson Dixon qui évoque une critique contre le pouvoir « *universelle* ». Syndicats, journalistes, parlementaires – « *l'élite* » –, tous semblent ligués contre un de Gaulle qui n'a que faire de leurs jérémiades car il estime n'avoir qu'un interlocuteur, le peuple français. C'est son atout majeur, le pilier sur lequel il s'est toujours appuyé. À l'été, il est allé à sa rencontre, a sillonné la Normandie, distillant au fil de ses discours les lignes

*Premières impressions*

de sa future politique, notamment algérienne. Au moment ou Pierson Dixon jette les premières lignes de son rapport, de Gaulle rentre d'un long déplacement en province, où il a visité la Bretagne, l'Isère, les trois départements de Savoie. Partout la foule l'a acclamé. Bref, pour l'ambassadeur, les chances sont faibles de le voir renversé de l'intérieur comme l'ont été les gouvernements de la IV<sup>e</sup> République. Mais son maintien au pouvoir pose un problème de taille à la Grande-Bretagne : il va falloir s'entendre avec lui, *« ce qui ne s'annonce pas facile »*, conclut Pierson Dixon. Et cette fois-ci, l'ambassadeur ne se trompe pas. Car de Gaulle, dans les années à venir, ne va pas ménager les Britanniques.

\*

CONFIDENTIEL

Ambassade britannique
Paris
23 octobre 1960.

Cher secrétaire d'État,

Il est peut-être un peu tôt – je ne suis ici que depuis deux semaines – pour vous faire part de mes premières impressions. Malgré tout, ayant déjà noté quelques idées, j'ose tenter de les coucher sur le papier afin de vous en faire part [...].

J'ai d'abord été frappé par la critique très répandue, et presque universelle, de De Gaulle et de ses choix politiques. On la retrouve aussi bien dans le meilleur de la presse française que chez les correspondants britanniques : voyez par exemple les articles des correspondants de Paris dans l'*Observer* et le *Sunday Times* d'aujourd'hui. Au déjeuner de la semaine dernière, j'ai trouvé que les éditeurs des principaux journaux français jugeaient très durement les politiques du

*Premières impressions*

général. De vieux amis comme François Poncet et Massigli se montrent eux aussi très critiques.

On reproche généralement à de Gaulle, qui s'accroche fermement à ses idées, de devenir de plus en plus isolé internationalement, de mettre en danger l'accord avec l'Allemagne, de rompre avec l'OTAN, de diviser l'Europe et de rendre de plus en plus difficile l'association de la Grande-Bretagne avec le reste du continent. Ces mêmes gens voient aussi d'un œil critique la façon dont de Gaulle a ignoré les Nations unies, privant ainsi la France d'intéressantes perspectives.

Cette critique répandue s'est pour ainsi dire cristallisée lors du débat de l'Assemblée nationale sur la « force de frappe » (l'arme nucléaire française) qui, en dehors des discussions sur l'impopularité de la politique avec les socialistes et autres, a tourné en critique générale de l'ensemble des politiques de De Gaulle. L'Église s'est prudemment mais clairement rangée du côté des critiques.

Ensuite, la capacité du général à gérer la situation en Algérie soulève un certain malaise, parfois même une véritable inquiétude. Ce malaise vient de la crainte que les chefs de l'armée fassent une autre tentative pour renverser de Gaulle et établir une Algérie française.

Je ne prétends pas avoir les compétences pour juger de tous ces facteurs complexes. J'ai le sentiment que si la situation devait dégénérer, les troubles viendraient de l'armée et non des politiciens mécontents ou d'autres agents traditionnels de l'opinion. Il me semble que ces troubles sont inévitables, à moins d'un miracle, si de Gaulle parvenait à trouver un accord avec l'Algérie au plus vite. Dans les conditions actuelles, les ennuis viendraient moins d'un putsch de l'armée que d'une révolte, si de Gaulle était forcé d'annoncer un programme tenant davantage compte de la puissance

## Premières impressions

réelle du FLN et de la nécessité de trouver un accord sur cette question avant qu'il ne soit trop tard.

En tout cas, le fait est que l'armée française se trouve en Algérie et que de Gaulle ne peut pas l'en retirer, même s'il le voulait. L'armée est mécontente. Selon lui, on a déjà tout essayé. On est venu à bout du cancer principal, si on peut s'exprimer ainsi, mais celui-ci pourrait très bien resurgir. L'armée ne voit pas d'un bon œil cette série d'opérations chirurgicales désespérées, sachant que le patient n'a aucune chance de se rétablir. Selon elle, une solution politique radicale est le seul remède possible. Un certain mécontentement règne parmi les jeunes officiers, en Algérie comme en France métropolitaine. Et bien entendu, les chefs des complots antérieurs, ayant été exclus d'Algérie, sont libres d'en préparer de nouveaux aux quatre coins de la France. Tout cela n'est que mon analyse personnelle, et je n'ai pas grand-chose de concret pour la soutenir. On entend sans arrêt de nouvelles rumeurs de complots, mais on n'a peu ou pas de preuves. Avec des grèves et une manifestation d'étudiants interdite, le jeudi qui arrive devrait nous donner la température des semaines à venir.

En plus de l'armée, les parlementaires non plus n'apprécient pas de Gaulle, tout comme ceux qu'on appelle ici « *l'élite*\* », qui, je suppose, correspond *mutatis mutandis* à notre *establishment*, c'est-à-dire le type de gens que j'ai fréquenté ces deux dernières semaines. On comprend aisément que ces gens, habitués depuis toujours à influencer et à contrôler le cours des événements, soient réticents au *leadership* d'un seul homme aussi puissant que le général, surtout dans la mesure où de Gaulle ne se confie à personne. Mais je me demande quel mal ils peuvent encore causer au général, ou plutôt à quel point ils peuvent le détourner des objectifs qu'il s'est fixés. De Gaulle n'a clairement pas l'intention de laisser ces gens-là lui nuire ou l'influencer, et il les considère avec mépris.

*Premières impressions*

Il peut compter sur les Français ordinaires pour le soutenir et il sait qu'ils constituent sa force majeure. Il y a un passage révélateur au début du troisième tome de ses Mémoires, lorsqu'il décrit les efforts qu'il a dû fournir après la Libération pour restaurer non seulement l'ordre, mais surtout la morale en France. Il dit : « *Plus que jamais, il me fallait donc prendre appui dans le peuple plutôt que dans les "élites" qui, entre lui et moi, tendaient à s'interposer*[*]. »

C'est pourquoi de Gaulle n'a cessé de voyager en France et qu'il est en ce moment parti en tour triomphal, dédaignant complètement la tempête parlementaire qui s'est déchaînée à son sujet à Paris. Avec ce dernier voyage, on l'entendrait presque dire : « *L'État, c'est moi*[*]. »

Je n'ai pas l'impression qu'on en arrive à une véritable fracture entre « *l'élite*[*] » et de Gaulle soutenu par le peuple. Je ne pense pas non plus que le conflit surgira de là, en cas de troubles. Il se pourrait que l'armée pose problème. Plus généralement, de Gaulle est fragilisé par la versatilité du peuple français qui l'a porté en idole – et ce n'est pas la première fois que cela arrive – à un moment où les Français en avaient besoin pour raviver leurs esprits et réanimer le génie national : ce même peuple désireux de changements pourrait répéter l'histoire en décidant de le faire tomber de son piédestal. Beaucoup de gens ici, incapables d'obtenir les informations sur lesquelles on fonde normalement ses opinions, tendent à interpréter les événements selon la conception de l'histoire exposée par Toynbee, et voient le destin de Napoléon III comme une préfiguration de ce qui attend de Gaulle.

Je pense que cela est trop théorique pour être considéré comme une éventualité. D'une part, on ne tient pas compte du fait qu'en leur for intérieur, même les plus critiques savent que de Gaulle incarne une figure majeure qui représente

157

*Premières impressions*

les idéaux de la France. Et le XXᵉ siècle français, hautement industrialisé, a peu de chances de suivre la même voie que les XVIIIᵉ et XIXᵉ siècles. Même si de Gaulle était renversé, je ne pense pas que la France basculerait dans le chaos et l'anarchie. Dans son ensemble, le pays paraît plutôt stable, et même si les Français mettent du temps à s'adapter aux changements de ce monde, leur intelligence et leur sens des réalités devraient leur permettre d'affronter la tempête.

Il nous est moins important de savoir combien de temps de Gaulle restera au pouvoir que d'essayer de voir vers quoi s'orientent ses politiques à l'échelle internationale. Ici, je me vois obligé d'admettre que sa conception de la « *grandeur*\* » semble le mener à toutes sortes d'extravagances. Il parle de la France et de « sa communauté » : les Allemands risqueraient de considérer comme un antagonisme cette idée d'une hégémonie française en Europe. Il est apparemment très peu enclin à s'abaisser à négocier avec les chefs du FLN : cela voudrait dire qu'il aurait manqué sa chance de résoudre cette question à laquelle il doit, de toute urgence, apporter une réponse. Sa politique de défense est dominée par le désir de mettre la France sur un pied d'égalité avec le Royaume-Uni en la dotant de l'arme nucléaire, et animée par la jalousie des relations privilégiées que nous entretenons avec les États-Unis. Je pense que beaucoup de Français partagent son avis sur ce point. Je n'avais jamais remarqué cette jalousie avant d'arriver ici. Elle est palpable dans presque toutes les discussions que j'ai eues jusqu'à présent avec des responsables français.

Je sais bien que ce rapport n'est pas le document adéquat pour vous faire part de mes suggestions visant à rajuster les dangereuses politiques internationales de De Gaulle. Pour le moment, je me contenterai donc de dire que nous ne pourrons probablement pas éviter la confrontation – afin de souligner que la Russie a clairement l'intention de profiter d'une

*Premières impressions*

Europe divisée et d'une Afrique instable, pour lui montrer le besoin littéralement vital des puissances occidentales à aligner leurs politiques, et pour lui dire sans ménagement que ses politiques nationalistes sont loin d'être la meilleure solution dans un contexte si mouvementé. Une autre raison nous pousse à mettre les choses au clair avec de Gaulle : si les choses tournent mal pour la France, les Français se laisseront aller aux émotions et auront l'impression d'avoir été trahis par leurs amis.

Mais si nous parvenons à convaincre de Gaulle qu'aucun pays occidental ne devrait avoir une politique nationaliste en ce moment, je pense que nous devrions alors trouver un moyen de le rencontrer, ce qui ne s'annonce pas facile. Ce que de Gaulle aimerait vraiment voir, c'est un Royaume-Uni qui ne devancerait pas la France sur le plan nucléaire, un Royaume-Uni dépourvu de relations privilégiées avec les États-Unis. Nous devrions aussi nous préparer à apporter davantage d'aide au sujet de la question algérienne.

*Source : PREM 11/4811 Despatches from Sir Pierson Dixon, HM Ambassador to France, on policies and views of President de Gaulle.*

# LE ROI REÇOIT

Servir la France, c'est aussi savoir recevoir. Et les diplomates britanniques reçus ce 1$^{er}$ janvier 1961 à l'Élysée avec les autres ambassadeurs en poste à Paris font montre d'un grand respect envers de Gaulle à l'issue de leur visite. Le palais de l'Élysée est l'un des symboles de la puissance diplomatique de Charles de Gaulle. Les réceptions y sont somptueuses, tout à l'honneur de la France et de ses raffinements culturels et culinaires. Rien à voir avec le quotidien des de Gaulle, qui vivent frugalement dans ce palais que le chef de l'État déteste. Parce qu'il est planté dans un quartier qui ne lui rappelle pas le peuple de France – *« C'est celui de l'argent, des nantis, des boutiques de luxe »* –, sans compter les mauvais souvenirs qui s'y rattachent. Abdication de Napoléon I$^{er}$ en 1814, préparation du coup d'État de son neveu en décembre 1851, sans oublier la mésaventure de la maîtresse du président Félix Faure – qui serait mort entre ses bras à l'Élysée –, incident à l'origine d'une formule grivoise du général : *« C'est un palais de la main gauche. »*

À la lecture de cette dépêche de Pierson Dixon, on peut noter que de Gaulle, à 70 ans, n'est pas diminué. Il se montre aimable, accueille avec joie leurs compliments, notamment sur sa prestation de la veille à la télévision, nouveau média dont il a compris très tôt qu'il était l'équivalent du micro de la BBC. *« La combinaison du micro et de l'écran s'offre à moi au moment même où l'innovation commence son foudroyant développement »*, écrit-il dans ses Mémoires. Si sa première apparition sur le petit écran, le 27 juin 1958, en tant que président du Conseil, a été une catastrophe, il a, par la suite, pris des cours avec des hommes de télévision et du monde de la communication comme Marcel

*Le roi reçoit*

Bleustein-Blanchet et Pierre Sabbagh, accepté le maquillage et, rapidement, crevé l'écran. Autre avantage, il en dispose comme bon lui semble. Rappelons cette phrase de son conseiller Alain Peyrefitte : « *La télévision, c'est le gouvernement dans la salle à manger des Français.* »

\*

CONFIDENTIEL

Ambassade britannique
Paris
1ᵉʳ janvier 1961
N° 1

Monsieur,

L'année dernière, la réception habituelle du Nouvel An qui réunit les corps diplomatiques a été annulée à cause de la mort du frère du général de Gaulle[1], et de nombreux chefs de missions étaient comme moi curieux de voir, au palais de l'Élysée en ce jour de l'An, comment le président de la Vᵉ République mènerait cette cérémonie qui lui donnait l'occasion de rencontrer les membres des 85 missions actuellement accréditées à Paris [...].

J'étais accompagné du ministre [de l'Économie], du chef de la chancellerie et de trois attachés d'ambassade. Nous avions choisi de venir en uniforme plutôt qu'avec nos manteaux du matin, et nous nous sommes retrouvés, du point de vue vestimentaire, en minorité, attirant l'attention des nombreux journalistes et des caméras de télévision alignées

---

1. Pierre de Gaulle décède le 26 décembre 1959, quelques jours après avoir fait une crise cardiaque lors d'une visite à l'Élysée.

## Le roi reçoit

dans l'un des grands salons du palais. En dépit de sa taille, cette pièce était tout juste assez grande pour accueillir le corps diplomatique, grossi par la récente arrivée des représentants des nouveaux États africains, qui s'étaient rassemblés en un cercle resserré.

Une fois que le nonce apostolique a présenté ses meilleurs vœux au corps diplomatique, le président de Gaulle a répondu par un bref discours dans lequel il disait espérer de tout cœur que la paix règne dans le monde en 1961. Il a ensuite parcouru les rangs des chefs de missions, adressant quelques mots à chacun d'entre eux. Quand mon tour est venu, il a discuté un certain temps avec moi et les membres de mon service. Le général de Gaulle m'a demandé de transmettre ses bons vœux au Premier ministre, qu'il avait hâte de revoir, et ses sentiments respectueux à la Reine, qu'il tient en haute estime. Je vous serais reconnaissant de bien vouloir communiquer ces messages à M. Macmillan et à Sa Majesté.

Nous nous sommes ensuite tous rendus dans un salon de dessin adjacent pour boire un verre de champagne, et quelques chefs de missions sont allés voir le président. Le général, qui avait reçu les dignitaires français tôt le matin même avant de se rendre à la réception diplomatique, ne montrait aucun signe de fatigue et était aussi affable et apaisé qu'à son habitude. Lorsque je l'ai félicité pour la qualité de son intervention télévisée de la veille au soir, il m'a répondu qu'il était important pour « un vieillard » comme lui de maîtriser le formidable outil d'influence qu'est la télévision ; il n'était en rien une jeune vedette. Il paraissait satisfait d'apprendre que dans mon pays, il était considéré comme un maître dans l'art de la télévision politique.

Je me dois également d'ajouter que le Premier ministre [Michel Debré] et le ministre des Affaires étrangères [Maurice Couve de Murville], qui accompagnaient le président de

*Le roi reçoit*

la République, ont chacun passé un peu de temps à bavarder avec mon équipe et moi-même.

Je vous prie, Monsieur, de croire à mes sentiments respectueux.

Sgd. Pierson Dixon

*Source : PREM 11/4811 Despatches from Sir Pierson Dixon, HM Ambassador to France, on policies and views of President de Gaulle.*

# PUTSCH ET COMPLOTS

Le 21 avril 1961, le putsch des généraux éclate à Alger. Depuis la semaine des barricades, un an plus tôt, les diplomates britanniques, au fil de leurs dépêches, pressentent que la politique algérienne du général de Gaulle va entraîner « *une mise à l'épreuve* » dont ils ne le voient pas sortir vainqueur. Le résultat du référendum du 8 janvier sur l'autodétermination de l'Algérie – 75 % de voix favorables – est intolérable pour une partie des chefs de l'armée qui, depuis sept ans, mènent un difficile combat contre le FLN. Sa victoire sur les rebelles d'Alger lors de la semaine des barricades n'a pas permis de venir à bout des nombreux comploteurs de métropole. En mai 1961, quelques jours après l'échec du putsch, l'ambassade britannique évoque un autre complot qui devrait se dérouler à Paris, avec effusion de sang, tirs de mortier contre le palais de l'Élysée et la capture ou l'assassinat – « *envisagé avec joie* » par les comploteurs – du général. Celui-ci peut-il à nouveau remporter la partie ? L'ambassadeur britannique, Gladwyn Jebb, qui signe la première dépêche en février 1960, ne le pense pas. Mais la politique ne perd pas ses droits. N'est-ce pas le moment pour la Grande-Bretagne de rallier l'Europe et de se poser comme le sauveur d'une France qui peut verser dans la guerre civile du jour au lendemain ?

*

*Putsch et complots*

Ambassade britannique
Paris
26 février 1960

Massigli[1], qui est venu me voir l'autre jour, est très perturbé par les critiques grandissantes envers le général de Gaulle venant de la droite et surtout des cercles pétainistes. Il a dit, sincèrement, que ces gens avaient toujours détesté le général, tout en étant bien contents lorsque les événements lui avaient permis de renverser la IV$^e$ République. Il est certain qu'on entend ces jours-ci des critiques semblables dans les dîners, mais lorsque je demande à ces détracteurs quel successeur ils donneraient à de Gaulle, ils gardent généralement un silence affligé.

Massigli pense aussi qu'il y a eu vers le début de cette année un complot organisé pour renverser de Gaulle, mais qu'il a été prévu pour le mois d'avril, ce qui signifie que les événements à Alger se sont plutôt mal passés, tout du moins pour la métropole. (Cela tend à être confirmé par les autres rapports en notre possession.) Il est convaincu (tout comme nous le sommes) que la véritable mise à l'épreuve est encore à venir, bien que je ne pense pas que son opinion s'écarte de la nôtre sur le point suivant : quand on en vient aux chances de réussite du général, on sait d'avance combien celles-ci sont minces.

Gladwyn Jebb

\*

---

1. À la retraite depuis 1956, il a continué à plaider la cause des relations franco-britanniques.

*Putsch et complots*

Top secret
13 mai 1961

À l'attention de Sir F. Hoyer Millar. [...]

Nouveau complot en prévision dans les jours à venir pour la prise de pouvoir à Paris et l'établissement d'un nouveau gouvernement. Le fait est, comme je l'ai noté dans mes rapports, que les autorités ne sont probablement pas venues à bout de l'organisation en France métropolitaine, et surtout pas des éléments civils qui étaient derrière le coup d'État avorté de Challe[1]. En effet, même avant que Challe n'ait tenté sa chance en Algérie, ils devaient s'être rendu compte qu'il échouerait et qu'ils ne prendraient jamais le pouvoir. Ainsi, bien qu'il soit difficile de croire certains faits de ce rapport, ce serait, j'en suis certain, une erreur de le mettre de côté et d'en considérer les conclusions comme infondées.

Ces derniers jours, nous avons tous observé des signes de nervosité dans les cercles politique et militaire. Les politiciens ne peuvent cacher leur impatience, et critiquent le général plus ouvertement que d'habitude. Quant à l'armée, de nombreux officiers admettent ouvertement vouloir démissionner aussitôt qu'ils le pourront et on dit qu'il y a une désagréable ambiance de méfiance mutuelle au sein du personnel du général. Beaucoup supposent aussi que le général a de toute façon l'intention de réorganiser de façon plus poussée les échelons supérieurs de l'administration. Ce qui cause d'autant plus d'anxiété. Plus important encore, on observe des conflits de loyauté au sein des services de sécurité mêmes.
[...]

---

1. Le général Maurice Challe a dirigé le putsch d'Alger et se rend immédiatement après son échec, cinq jours plus tard. Il sera condamné à quinze ans de détention. Libéré en 1966, il est amnistié par de Gaulle en 1968.

## Putsch et complots

De plus, cet alarmant rapport devrait être replacé dans le contexte de la situation de grève, reporté dans mon télégramme n° 258. Nous sommes maintenant dans une de ces situations où les buts à court terme des communistes et de l'extrême droite coïncident. Rien ne conviendrait mieux aux communistes qu'une nouvelle tentative de coup d'État. Si celle-ci échoue, ils feront cette fois-ci en sorte d'en cueillir les fruits et en cas de réussite, ils pourraient compter ultérieurement sur une révolution plus sérieuse de la gauche. De la même façon, il conviendrait aux comploteurs de pouvoir faire croire que le général de Gaulle non seulement abandonne l'Algérie, mais est aussi incapable de maintenir l'ordre en France. S'il y avait en effet un complot de ce genre, nous pourrions être certains que les auteurs se présenteraient comme mus par le désir de protéger le pays du communisme.

Je ne veux pas être alarmiste mais je me sens obligé de dire qu'ici, il est loin d'être impossible que les événements prennent un tour violent et dramatique.

Gladwyn Jebb

\*

À l'attention du Premier ministre
19 mai 1961

Que ce complot en particulier ait lieu ou non, j'ai bien peur que le général ne soit très affaibli et ne puisse tenir beaucoup plus longtemps.

En une telle situation, il pourrait être plus compliqué de traiter avec lui, dans la mesure où sa marge de manœuvre sera limitée. Cependant, il tient vraiment à voir s'installer une plus grande stabilité en France et en Europe, et tant qu'il

*Putsch et complots*

ne s'abandonne pas à un désespoir pour le moins caractéristique, il pourrait être prêt à nous suivre.

Mais tout cela montre bien qu'il n'y a pas de temps à perdre. Il est capital d'insister sur l'unité européenne avant qu'il n'y ait une guerre civile en France.

L'avantage de cette situation est que les États-Unis sont clairement inquiets (ils ont probablement de meilleures informations que nous) et tendront donc à se reposer sur nous et à moins penser aux Six (ou plutôt, ils seront plus inquiets de nous voir entrer dans la Communauté). Mais bien entendu, plus il y a d'émeutes en France, plus notre pays sentira que le Royaume-Uni ferait mieux de prendre ses distances avec l'Europe.

Cependant, la faiblesse politique française vous permet au moins de faire avancer le pays sur l'idée d'une Grande-Bretagne sauvant l'Europe en la rejoignant. C'est plus ou moins l'argument que Sir Winston Churchill avait utilisé en 1940.

\*

Foreign Office
Secret

ÉVENTUALITÉ D'UN AUTRE COUP D'ÉTAT
CONTRE DE GAULLE

1. Il est possible qu'un autre coup d'État, destiné à renverser de Gaulle, puisse être planifié à n'importe quel moment après le début des négociations d'Évian du 20 mai.

2. Selon une source :
a) À cette occasion, les unités militaires régulières, en coopération avec les éléments paramilitaires de l'organisation de

*Putsch et complots*

l'OAS[1] en France métropolitaine, tenteront d'attaquer des lieux clés de Paris en visant principalement l'Élysée, qu'il est prévu de bombarder avec des tirs de mortier depuis la périphérie de Paris.

b) L'armée et les meneurs civils de ce coup d'État sont cette fois-ci tout à fait prêts à prendre le risque d'une effusion de sang mais ils ont déjà reçu la promesse implicite de Papon[2], chef de la police de Paris, qu'on n'opposerait pas de résistance.

c) Il s'agit plus de neutraliser de Gaulle que de l'assassiner, mais les comploteurs envisagent avec joie l'éventualité de sa mort.

d) Si cette entreprise réussit, Monnerville[3] serait installé comme président temporaire, avec Paul Coste-Floret[4] en Premier ministre. Ultérieurement, des élections seraient tenues, dans l'espoir que Pinay[5] en ressorte président avec Soustelle[6] comme Premier ministre.

3. Soustelle est parfaitement conscient de l'existence de ce complot mais, comme toujours, il se tient à l'écart, prêt à intervenir en cas de succès et, dans le cas contraire, en mesure de prouver qu'il n'était pas impliqué.

*Source : PREM 11/3339. Reported plot to overthrow General de Gaulle.*

---

1. OAS (Organisation armée secrète), fondée le 11 février 1961 pour lutter contre la fin de la présence française en Algérie.
2. Maurice Papon (1910-2007), préfet de police de Paris de 1958 à 1967.
3. Gaston Monnerville (1897-1991), premier président du Sénat, de 1958 à 1968.
4. Paul Coste-Floret (1911-1979), élu député MRP en 1958, a fait partie du comité consultatif constitutionnel qui a rédigé la nouvelle Constitution.
5. Antoine Pinay (1891-1994), président du Conseil en 1952. Il a été le ministre de l'Économie de De Gaulle dans son premier gouvernement, en 1958.
6. Jacques Soustelle (1912-1990), ethnologue, commissaire à l'Information de la France libre, ministre dans le premier gouvernement de Michel Debré. Opposé à la politique algérienne du général de Gaulle, il bascule dans l'OAS.

## « TUEZ DE GAULLE ! »

*« C'est au moins le huitième complot destiné à l'assassiner depuis qu'il est parvenu au pouvoir »*, note l'ambassadeur britannique à Paris, Sir Pierson Dixon, le 16 février 1963, au lendemain d'une tentative d'assassinat de De Gaulle lors d'une visite à l'École militaire. On peut comprendre l'étonnement des diplomates britanniques, dont le pays est en paix (il n'est pas encore en proie aux attentats de l'IRA, l'Armée républicaine irlandaise), face à l'ambiance de complots et de meurtres qui, de l'autre côté de la Manche, est devenue le quotidien du général. Depuis juillet 1961 et l'ordre donné par le colonel Yves Godard[1], de l'OAS, de liquider celui que les extrémistes surnomment avec mépris « la grande Zohra », les tentatives d'assassinat n'ont pas cessé. Le jeudi 14 février 1963, veille de sa visite à l'École militaire, les services de sécurité ont donc averti le chef de l'État qu'un groupe de conjurés composé d'officiers projette de l'abattre au fusil à lunette depuis l'intérieur de l'établissement. Il maintient son déplacement tandis que sept personnes sont arrêtées. Au moment où doit se dérouler cette énième tentative de meurtre, la Cour militaire de justice de Vincennes juge les auteurs de l'attentat commis le 22 août 1962 au Petit-Clamart, procès qui aboutira à l'exécution de leur chef, le lieutenant-colonel Jean-Marie Bastien-Thiry, le 11 mars 1963.

Mais c'est loin d'être la première mention d'une tentative d'assassinat du général de Gaulle. En 1960, les diplomates britanniques échangent sur l'intérêt que sa mort pourrait avoir pour le FLN, luttant pour l'indépendance de l'Algérie. Ils remarquent que le respect que portent à de Gaulle bon nombre de musulmans pourrait

---
1. Colonel Yves Godard (1911-1975), l'un des principaux chefs de l'OAS.

entraver les efforts du mouvement révolutionnaire. Sa disparition brutale, plongeant la France dans le chaos, serait donc favorable au FLN. D'autant que dans son discours du 29 janvier 1960 mettant fin à la semaine des barricades, très dur pour les Européens d'Algérie, il n'a pas ménagé non plus les indépendantistes algériens.

Mais c'est surtout le premier attentat de l'OAS perpétré contre le général qui mobilise les diplomates britanniques. Jusque-là, les menaces de l'organisation extrémiste n'avaient pas connu de concrétisation sérieuse. Mais le 8 septembre 1961, à Pont-sur-Seine, dans l'Aube, une bombe a explosé au passage de la voiture du président. Six mois plus tard, le 23 mai 1962, c'est un tir au fusil à lunette depuis un immeuble situé en face du palais de l'Élysée qui est déjoué. Plusieurs autres attentats sont prévus au cours de son voyage en Franche-Comté, du 14 au 17 juin, dont une tentative d'assassinat par un tireur d'élite depuis le clocher de la cathédrale de Besançon. Le 8 juillet, les membres d'un autre commando venu pour le tuer lors des cérémonies du 14 Juillet sont arrêtés. Jusqu'au dernier complot connu, en 1965, lors d'un déplacement en Vendée où six hommes sont arrêtés alors qu'ils s'apprêtaient à faire sauter un engin télécommandé devant la statue de Georges Clemenceau, à Sainte-Hermine.

\*

Ambassade britannique
Paris

SECRET

3 février 1960

Cher Basil,

Merci de votre lettre du 2 février portant sur les intérêts qu'aurait le FLN à assassiner le général de Gaulle. Je suis navré que nous n'ayons pas été plus précis dans le télégramme.

### « *Tuez de Gaulle !* »

Les arguments de votre lettre sont convaincants, mais ils sont certainement fondés sur l'hypothèse d'un FLN souhaitant une solution « raisonnable ». Les arguments allant dans le sens contraire supposent que le FLN formerait le pôle d'extrémisme opposé aux « ultras » en Algérie.

Selon cette hypothèse, on peut soutenir que le FLN aimerait se débarrasser de De Gaulle dans la mesure où :

a) Il prend le rôle d'une figure paternelle pour de nombreux musulmans en Algérie. Si quelqu'un arrivait à convaincre les musulmans de voter pour une solution « française », ce serait sûrement de Gaulle.

b) Son discours du 29 janvier, quoi que le FLN ait pu en dire à ce moment-là dans un contexte d'opposition aux colons, montre que le général envisage une tout autre Algérie que celle prônée par le FLN.

c) Avec le décès du général de Gaulle, le FLN pourrait espérer que la France s'affaiblisse et bascule dans le chaos. Au moins, l'opinion internationale considère le général et la France de façon favorable. Si la France plongeait dans le chaos, on pourrait s'attendre à ce que les colons s'emparent du pouvoir en Algérie, mais ils se couperaient des sympathies de la métropole et de la scène internationale. Sur le long terme, il serait bien plus facile de les faire disparaître.

Selon l'argument précédent, la meilleure solution pour le FLN semblerait être de se débarrasser du général, mais si possible en faisant passer l'assassin pour un membre d'une organisation « ultra ».

Je copie cette lettre à Trefor Evans, à Alger.

Bien à vous,

G. P. Young<br>E. B. Boothby, Esq., C.M.G.,<br>Foreign Office

« *Tuez de Gaulle !* »

*

Confidentiel
Urgent

De Paris au Foreign Office
Sir P. Dixon
14 h 32
9 septembre 1961

Comme vous l'aurez sans doute entendu, Reuters vient d'annoncer qu'il y avait eu une tentative avortée d'attaque à la bombe contre le général de Gaulle hier soir, alors qu'il rentrait de Paris à Colombey.

J'en ai parlé à l'Élysée, qui a confirmé que cette tentative était sérieuse et que le général et son entourage n'avaient pas été blessés. J'ai exprimé, en mon nom, mon choc à la nouvelle d'une telle tentative et mon soulagement de savoir le général sain et sauf. Le fonctionnaire en question a dit qu'il passerait ce message à Colombey.

Peut-être jugerez-vous utile d'envoyer un message de la part de la Reine ou du Premier ministre.

*

## « *Tuez de Gaulle !* »

Confidentiel et personnel
Premier ministre
Télégramme personnel
Série N° T 420/62
23 août 1962

Mon cher ami,

Juste un petit message personnel pour vous dire combien ma femme et moi pensons à vous et à Mme de Gaulle en ce moment.

Votre connaissance de nos compatriotes vous permettra de comprendre les sentiments d'horreur, de colère, et de soulagement avec lesquels la nouvelle a été reçue ici hier soir et ce matin.

Veuillez croire à nos meilleurs vœux,

Bien à vous,

Harold Macmillan

*

Confidentiel
De Paris au Foreign Office

Sir P. Dixon
N° 185
Émis à 1 h 28, le 16 février 1963
Reçu à 1 h 40, le 16 février 1963
Prioritaire

1. Les divers articles parus dans la presse britannique ce matin au sujet de l'éventuel complot visant à assassiner le général de Gaulle rendent compte de tout ce que les autorités

## « *Tuez de Gaulle !* »

ont bien voulu dévoiler. Les opinions émises dans la presse française diffèrent peu de ceux-ci. Les journalistes français ayant passé la journée d'hier à essayer d'actualiser les informations nous ont dit qu'ils s'étaient heurtés à une réticence inhabituelle des autorités. Je n'ai pas jugé opportun de poser des questions directes.

2. Le seul communiqué officiel, publié hier soir par le ministère de l'Intérieur, se bornait à rapporter qu'on avait lancé des recherches au domicile des individus suspectés de nourrir de mauvaises intentions, qu'on avait découvert des armes et des documents, qu'une femme et trois officiers avaient été arrêtés et que l'enquête se poursuivait. Rien n'a été dit sur le complot visant à assassiner le général de Gaulle.

3. Certaines remarques du Premier ministre, au cours du débat récent sur la prolongation de l'existence du tribunal militaire jugeant en ce moment les hommes impliqués dans la tentative de meurtre d'août dernier, suggèrent que le gouvernement sait, ou tout du moins croit, depuis quelques jours – si ce n'est plus –, qu'une nouvelle conjuration est en place. Et en jugeant d'après ce qui s'est passé à l'École militaire lorsque le général de Gaulle s'y est rendu hier matin, il me semble qu'il y a peu de doute qu'on pensait, à juste titre ou non, que la conspiration avait pour but de l'assassiner lors de sa visite. Cependant, on a l'impression que certains aspects de cette conspiration présumée demeurent toujours obscurs aux autorités et qu'elles n'en ont pas encore découvert toutes les ramifications.

4. Il me semble qu'il est inutile d'envisager un quelconque message officiel félicitant le général de Gaulle d'avoir échappé à l'attentat. Les autorités n'ont même pas admis officiellement qu'on avait voulu s'en prendre à lui. C'est au moins le huitième complot destiné à l'assassiner depuis qu'il est parvenu au pouvoir. Des messages avaient été envoyés uniquement à

« *Tuez de Gaulle !* »

deux occasions, lorsque le complot avait été mis en œuvre, en août dernier et en septembre 1961.

*Source : FO 371/147331/1015/45. Advantages to the National Liberation Front (FLN) of assassination of General de Gaulle, 1960, PREM 11/4246, 1961-1963.*
*Unsuccessful attempt on life of General de Gaulle : Prime Minister sent messages, PREM 11/4246, 1961-1963.*

# PARTIE DE CHASSE

Jamais il n'a été aussi grand. Nous sommes à l'automne 1963 et Charles de Gaulle reçoit plusieurs ambassadeurs étrangers en poste à Paris pour une partie de chasse dans le domaine présidentiel de Rambouillet. C'est l'occasion de leur faire remarquer qu'il demeure le seul des grands dirigeants issus de la période de la Seconde Guerre mondiale, les autres étant morts, s'étant retirés ou survivant péniblement à la maladie. À l'instar de Winston Churchill, dont la dernière attaque cérébrale survenue quelques semaines plus tôt semble beaucoup accabler le chef de l'État.

Lui n'a jamais été aussi actif. Le drame algérien a cessé avec les accords d'Évian, dix-huit mois plus tôt, et depuis le début de l'année, de Gaulle a magistralement remis la France au cœur de l'Europe. D'abord, il a humilié la Grande-Bretagne, le 14 janvier, en s'opposant à son entrée dans la CEE. Il a expliqué, lors d'une conférence de presse, que *« la nature, la structure, la conjoncture qui sont propres à l'Angleterre diffèrent de celles des États continentaux »*. Il se méfie encore et toujours des solides relations que la Grande-Bretagne entretient avec les Américains. Huit jours plus tard, le 22 janvier 1963, de Gaulle confirme sa vision de l'Europe en signant avec le chancelier Konrad Adenauer le traité de l'Élysée, qui assure la future coopération franco-allemande.

De Gaulle a beau se plaindre auprès des ambassadeurs des années qui passent, sa forme physique est étonnante. Depuis le mois d'avril, il n'a cessé de multiplier les déplacements en province, a effectué deux voyages officiels (Grèce, RFA) et s'apprête à partir pour l'Iran, puis les États-Unis. Bref, pour paraphraser de Gaulle

*Partie de chasse*

évoquant Churchill dans ses Mémoires aux premières heures de la guerre, l'homme *« est bien assis à sa place de guide et de chef »*.

*

Ambassade britannique
Paris
16 octobre 1963

Cher secrétaire d'État,

Les parties de chasse annuelles des ambassadeurs à Rambouillet sont souvent une bonne occasion pour échanger quelques mots avec le général de Gaulle. Cette année, le général semblait ne se soucier que d'un seul problème, la maladie soudaine du Premier ministre, qui lui avait causé un choc considérable [...].

Tandis que nous attendions que le « sac » soit compté à la fin de la dernière chasse, de Gaulle, entouré d'un groupe d'ambassadeurs dont les représentants russe et finlandais, remarqua que la soudaine maladie du Premier ministre était un désastre qui l'inquiétait. Il poursuivit en disant que presque tous les hommes ayant dirigé les principaux pays pendant sa carrière politique s'étaient à présent retirés ou étaient décédés. *« À l'exception de Hitler et Mussolini, Roosevelt, Staline et Pétain sont morts, Churchill et Adenauer ne sont plus des forces actives. »* Se tournant vers l'ambassadeur soviétique, il dit : *« Il nous reste M. Khrouchtchev, et bien sûr Mao Tsé-toung. »* Tout le monde a noté qu'il omettait de citer M. Kennedy, et je suppose que c'était un choix délibéré. Le fait que le général ait inclus les deux dictateurs ennemis de la dernière guerre parmi ses semblables est assez révélateur.

*Partie de chasse*

Le général de Gaulle a aussi fait quelques remarques sur le passage du temps. Après nous avoir tour à tour demandé, à Vinogradov et à moi, l'âge de M. Khrouchtchev et celui de M. Macmillan, il dit que tous deux étaient des hommes jeunes. Lorsque l'un des ambassadeurs remarqua qu'il était à peine plus âgé qu'eux, il répondit qu'il n'était pas jeune pour autant. Quelqu'un fit un peu sottement remarquer que les années passent vite. « *Oui, heureusement. C'est une bonne chose qu'on en finisse rapidement avec la vie.* »

Mis bout à bout, tout cela vous semblera sans aucun doute assez bizarre, et en effet, la scène était très étrange : le général était entouré d'un groupe attentif de représentants étrangers habillés en tenue de chasse, au milieu de la forêt de Rambouillet.

*Source : PREM 11/4811. Despatches from Sir Pierson Dixon, HM Ambassador to France, on policies and views of President de Gaulle.*

## « NOUS AVONS ÉTÉ BATTUS PAR LA PROSTATE ! »

Si, en France, la santé de nos présidents a toujours été un sujet tabou – et notamment celle du général de Gaulle –, les diplomates britanniques n'ont pas manqué de s'y intéresser à plusieurs reprises. Première pathologie rapportée, ses troubles de la vision. Opéré en 1952 de la cataracte de l'œil gauche par le professeur Louis Guillaumat, qui dirige l'hôpital des Quinze-Vingts, puis de l'œil droit en 1955, de Gaulle souffre encore, quatre ans plus tard, d'une vue défaillante comme le raconte un diplomate britannique en poste à Paris. D'après ses contacts, de Gaulle ne peut plus lire longtemps, ce qui provoque chez lui des colères homériques. Autre sujet d'attention des diplomates, la santé psychique du président, avec les renseignements recueillis auprès de Dag Hammarskjöld, le secrétaire général des Nations unies, qui dresse à un de ses homologues britanniques un portrait de De Gaulle plus psychologique, où domine sa « *solitude intellectuelle* ».

Mais le coup de tonnerre est l'opération de la prostate par voie haute, c'est-à-dire une ablation de l'organe, que subit de Gaulle le 17 avril 1964, une intervention entourée du plus grand secret, le général exigeant même de signer le communiqué médical final. Déjà, lors de son voyage au Mexique et aux Antilles, en mars, il avait dû être équipé d'une sonde urétrale et accompagné d'un assistant du professeur Aboulker, qui dirige le service d'urologie de l'hôpital Cochin. Cette opération, qui n'a pas été annoncée, va donner lieu à de nombreux échanges entre l'ambassade de Paris et Londres. Il s'agit de savoir si la pathologie est maligne et, à 74 ans, combien de temps de Gaulle peut y survivre. Il donne la réponse lui-même en reprenant rapidement ses activités officielles. D'une santé de fer, il se lance même, à partir du

*« Nous avons été battus par la prostate ! »*

21 septembre 1964, dans un étourdissant voyage officiel en Amérique du Sud d'une durée de trois semaines, durant lesquelles il sillonne dix Républiques d'Amérique latine. Charles de Gaulle meurt le 9 novembre 1970, victime d'une rupture d'anévrisme aortique sous-rénale. Il allait avoir 80 ans.

\*

CONFIDENTIEL
Compte-rendu

Western Department[1]

Vous m'avez demandé de prendre note de ce qui suit :
Un membre du cabinet de De Gaulle m'a raconté l'anecdote suivante, et j'ai reçu une confirmation générale par un officier français en contact régulier avec le général Ely, lorsque j'étais en congé à Paris à la fin du mois dernier.

La vue du général s'avère être un sévère handicap. Il ne s'agit plus uniquement de réduire au minimum la paperasse. Cela signifie que le général ne peut plus juger des problèmes individuels de façon objective. Comme il ne peut pas lire longtemps, les questions doivent lui être posées oralement, encore et encore, jusqu'à ce qu'il explose au milieu de l'explication, renvoyant son interlocuteur avant d'avoir entendu toute l'affaire.

On s'est attendu – et certains ont espéré – qu'une fois qu'il aurait atteint l'Élysée, il se contenterait de diriger l'orientation générale de la politique, laissant les détails aux subordonnés. Ce n'est apparemment pas du tout le cas, et le général

---

1. Département du Foreign Office responsable des relations principalement avec les pays d'Europe de l'Ouest (bien que la liste de ceux-ci change de 1940 à 1981).

*« Nous avons été battus par la prostate ! »*

continue de prendre personnellement des décisions sur un grand nombre de points mineurs.

J. A. Robinson
16 avril 1959

\*

CONFIDENTIEL
Mission britannique aux Nations unies, New York
6 août 1959

Cher Tony,

Hier, en voyant Hammarskjöld[1] au sujet du désarmement et autres, j'ai saisi l'occasion pour lui demander ses impressions sur le général de Gaulle.

Hammarskjöld a dit avoir été profondément impressionné par les qualités humaines de De Gaulle, mais moins convaincu par sa valeur politique. La rencontre l'a surpris sous de nombreux aspects. Il connaissait de réputation l'intégrité et l'intelligence du général, mais il lui a aussi trouvé une simplicité et une chaleur inattendues. Il a eu l'impression que l'entourage du général était lui aussi quelque peu surpris de la façon dont il s'était adouci avec le secrétaire général. À Paris, il a déclaré à la presse que son rendez-vous avec le général avait été une expérience enrichissante, et qu'il n'avait pas choisi ce mot par hasard.

Il a ensuite dit qu'il avait été frappé par la *« solitude intellectuelle »* de De Gaulle. Parler avec lui revenait parfois à s'adresser à Bouddha. Le général écoutait avec attention, mais

---

1. Dag Hammarskjöld (1905-1961), diplomate suédois, secrétaire général des Nations unies de 1953 à 1961, prix Nobel de la paix à titre posthume.

« *Nous avons été battus par la prostate !* »

il avait ses propres opinions (sans aucun doute la conséquence d'une longue réflexion à Colombey-les-Deux-Églises) sur un nombre de sujets extraordinairement large, et il était difficile d'estimer dans quelle mesure il était prêt à changer d'avis en écoutant les opinions d'autres personnes. Peut-être est-il trop âgé, trop seul, ou trop isolé pour cela.

Je n'ai bien entendu pas questionné Hammarskjöld sur le contenu de ses échanges, mais il a dit que ses conversations avec le général, tout comme avec Debré et Malraux, avaient presque entièrement porté sur les problèmes africains. Non pas, comme il s'est empressé de le dire, majoritairement sur l'Algérie, mais plutôt sur l'Afrique noire, la communauté française, les relations Ghana-Guinée, et le développement économique de l'Afrique en général. [...]

Je copie cette lettre à Gerry Young.

Bien à vous,

Harold Beeley

\*

De Gaulle : Bulletin officiel

(Paris Radio) Le bulletin officiel suivant a été communiqué par le palais de l'Élysée :

Le général de Gaulle, président de la République, a été opéré ce matin d'une affection de la prostate. Il avait été décidé de l'opérer quelques semaines plus tôt. Le bulletin médical suivant vient juste d'être publié : l'opération s'est déroulée normalement, et l'état du général de Gaulle est très satisfaisant.

Signé : professeur Pierre Aboulker, professeur Roger Parlier, docteur Jean Laffner.

« *Nous avons été battus par la prostate !* »

*

CONFIDENTIEL

CE DOCUMENT EST LA PROPRIÉTÉ EXCLUSIVE
DU GOUVERNEMENT DE SA MAJESTÉ BRITANNIQUE

Ministère des Affaires étrangères et Distribution Whitehall
France
16 mai 1964
Section I
Opération du général de Gaulle
Sir Pierson Dixon à Monsieur R. A. Butler (reçu le 14 mai)

Paris, le 12 mai 1964

Monsieur,

Malgré toutes les rumeurs affirmant le contraire, il n'y a aucune évidence de quelconques complications lors de l'opération de la prostate du général de Gaulle le 17 avril, ou que son état soit malin. Il y avait, comme on le sait maintenant, une excroissance qu'il fallait enlever, mais elle était bénigne. Le général s'est à présent retiré à Colombey pour commencer une période de convalescence. Ses médecins l'ont exhorté à prendre trois mois de repos mais le général semble déterminé à s'accorder un minimum de répit et a déjà annoncé qu'il entreprendrait le 11 juin sa visite en Picardie, comme prévu. Dans cet envoi, j'ai l'honneur de reporter certains des réactions et faits nouveaux auxquels cet épisode a donné lieu.

L'extrême confidentialité dans laquelle l'opération a été préparée et menée était remarquable. Il semble qu'à l'exception du personnel hospitalier, seuls le Premier ministre et

## « *Nous avons été battus par la prostate !* »

le ministre de l'Intérieur étaient dans le secret. Il y a ainsi eu un laps de temps de quelques heures entre les premières rumeurs de l'événement et la déclaration officielle, moment où les ministres, particulièrement le ministre de l'Information, se trouvaient dans la confusion la plus totale. Je ne crois pas que seules les précautions de sécurité puissent expliquer cette extrême discrétion. Certains commentateurs ont suggéré que le but était de prévenir toute agitation si le général succombait à l'anesthésie, et en particulier de prévenir une potentielle prise de pouvoir, comme le stipule la Constitution, par le président du Sénat, M. Gaston Monnerville (qui a été maintenu dans l'ignorance la plus complète de ce qui se passait). D'autres pensent que le général de Gaulle était déterminé à approuver personnellement le premier bulletin des médecins et qu'ils ont dû attendre qu'il soit capable de le faire (les hommes d'esprit parisiens, aux penchants macabres, suggèrent que si le général devait s'abaisser à mourir, la nouvelle ne serait pas annoncée tant qu'il n'aurait pas approuvé le communiqué depuis l'autre monde).

Après la session extraordinaire du Conseil des ministres, tenue sous l'autorité de M. Pompidou le 22 avril, le ministre de l'Information a annoncé que la raison du délai de l'annonce de l'opération du général résultait de la volonté d'éviter le moindre trouble de l'opinion publique et d'épargner au pays l'inquiétude dans laquelle il aurait été plongé si l'opération avait été rendue publique. La chose la plus frappante est peut-être, au contraire, le calme avec lequel le pays a pris la nouvelle. Il n'y avait rien de semblable à la vague d'effroi qui avait balayé le public à l'occasion de l'attentat contre de Gaulle au Petit-Clamart en août 1962. C'est tout le mérite du général – et c'est à son avantage – que le peuple français puisse aujourd'hui envisager un avenir gaulliste avec apparemment plus de confiance qu'il y a deux ans. Une explication plus poussée pourrait être que le

### « *Nous avons été battus par la prostate !* »

pays se sent de façon générale peu concerné par le drame de son propre gouvernement : par exemple, sous la IV<sup>e</sup> République, il aurait été impensable que la presse néglige le fait que le chirurgien en chef du général est un Algérien[1], dont la sœur (maintenant communiste) est la première femme de M. Defferre.

Sans doute afin de contrer cette relative indifférence et maintenir l'idée qu'il n'y avait pas de vacance de la présidence, les services de communication du gouvernement ont insisté sur le contrôle et l'attention que le général de Gaulle, depuis l'hôpital, continuait de porter à son évolution médicale et aux affaires générales du pays. […]

On a aussi beaucoup spéculé sur la question d'une éventuelle influence de l'état de santé du général de Gaulle sur ses activités et décisions politiques récentes. Je crois en effet qu'il y a un fond de vérité dans cette affirmation – par exemple, le ton défensif de l'émission à laquelle il avait participé la veille de son opération pourrait être en partie dû à celle-ci. Il y a aussi eu des articles dans la presse estimant que deux mesures gouvernementales importantes, la réforme des élections municipales et le statut de la télévision française, ont finalement été acceptées par le général le matin de son opération, mais en dépit de ses inclinations personnelles. La réforme des élections municipales (dont je vous rendrai un rapport plus détaillé quand le texte final sera disponible) est destinée à redonner aux partis politiques la gestion des grandes villes, au profit de l'UNR. Mais c'est un pas en arrière, un souvenir de la IV<sup>e</sup> République, raisons pour lesquelles le général s'y était

---

1. Par Algérien, l'ambassadeur britannique veut dire Européen d'Algérie, le service médical d'urgence auprès de De Gaulle mis en place à la suite de l'attentat du Petit-Clamart étant dirigé par le docteur José Aboulker. C'est son cousin, le professeur Pierre Aboulker, chef du service d'urologie de l'hôpital Cochin, qui a opéré de Gaulle.

*« Nous avons été battus par la prostate ! »*

opposé. Le ministre de l'Intérieur, lui, est parvenu à ses fins. Pour des raisons administratives, on considère le statut de la RTF (Radio et télévision françaises) comme indispensable, mais il est évident que le général de Gaulle ne l'a jamais vu sous cet angle, et qu'il a donné son accord contre son gré. Nous avons reçu confirmation de la véracité de ces faits par le conseiller des Affaires intérieures à l'Élysée : *« Nous avons été battus par la prostate ! »* nous a-t-il déclaré.

Source : FO 371/145600, FO 371/177890.

## WATERLOO, BELGIQUE

L'anecdote est si étonnante – et drôle – que l'ambassadeur de Grande-Bretagne à Paris en fait immédiatement part au Foreign Office à Londres. Elle est racontée lors d'un déjeuner en février 1964 par Paul Reynaud, l'ancien président du Conseil de la défaite de 1940, celui dont de Gaulle était au fil des ans devenu le mentor militaire puis, en pleine débâcle, le sous-secrétaire d'État à la Guerre. Revenu de captivité, Paul Reynaud a repris sa carrière politique. Inamovible député du Nord depuis 1946, rallié à de Gaulle en 1958, il perd son siège à l'Assemblée nationale après avoir été le premier à signer la motion de censure du 4 octobre 1962 contre le projet – du général – d'élection du président de la République au suffrage universel, qui met à terre le gouvernement de Georges Pompidou. Autre sujet de discorde entre les deux hommes, le sort réservé à la Grande-Bretagne l'année précédente par de Gaulle dans le cadre du projet européen. Pour lui avoir écrit tout le mal qu'il en pensait, l'ancien président du Conseil s'attire aussitôt une réponse inattendue.

*

Confidentiel
6 février 1964

Cher Harold,
J'ai eu une longue discussion l'autre soir avec Paul Reynaud, qui critique autant la politique du général de Gaulle

## Waterloo, Belgique

qu'il soutient les relations entre la France et ses alliés naturels, le Royaume-Uni et les États-Unis. Il n'est pas nécessaire de vous rapporter cette conversation dans les détails, mais j'ai pensé que vous deviez connaître l'incroyable histoire qu'il m'a racontée.

Reynaud m'a dit qu'en janvier 1963, au moment où la France avait décidé d'empêcher la Grande-Bretagne d'entrer dans le Marché commun, il avait écrit une lettre au général de Gaulle pour lui dire combien il regrettait cette décision, lui rappelant entre autres que c'était un sale coup à faire aux Anglais, qui *« avaient par deux fois sauvé la France »*. En retour de quoi il reçut par la poste une lettre écrite de la main du général de Gaulle, ou plutôt une enveloppe, qui s'avéra être vide. Elle était adressée à M. Reynaud, et sous l'adresse de son appartement à Paris, on pouvait lire : *« En cas d'absence, faire suivre à Waterloo, Belgique. »*

Bien à vous,

Pierson Dixon

*Source : PREM 11/4811. Despatches from Sir Pierson Dixon, HM Ambassador to France, on policies and views of President de Gaulle.*

## LE ROI-SOLEIL

Le ton est brutal mais l'extrait de cette note du Foreign Office traduit bien la réaction britannique – plus intransigeante que celle des Américains – à la décision du général de Gaulle de quitter l'OTAN. Le 7 mars, le chef de l'État l'a annoncé dans une lettre restée fameuse au président américain, Lyndon Johnson : « *La France considère que les changements accomplis ou en voie de l'être, depuis 1949, en Europe, en Asie et ailleurs, ainsi que l'évolution de sa propre situation et de ses propres forces ne justifient plus, pour ce qui la concerne, les dispositions d'ordre militaire prises après la conclusion de l'Alliance.* » La France se retire donc du commandement militaire intégré de l'Organisation du traité de l'Atlantique Nord, créée en 1949. Cette décision, de Gaulle – fraîchement réélu trois mois plus tôt président de la République – l'a tenue secrète le plus longtemps possible. Seul son ministre des Affaires étrangères, Maurice Couve de Murville, la connaissait et il a menti à tous les diplomates.

De Gaulle n'a jamais supporté l'OTAN tant elle consacre l'hégémonie américaine sur l'Europe. Elle met également la France dans une situation de dépendance qui empêche le déploiement gaullien d'une politique internationale originale – « ce rayonnement » – que moquent, en français, les diplomates britanniques. Dès l'automne 1958, il avait proposé aux Alliés une direction de l'OTAN tripartite. Fin de non-recevoir. Mais, au fil des années, la France a repris son destin en main, au grand dam des Britanniques. D'abord, elle possède la bombe nucléaire et n'a plus besoin de la protection américaine. Ensuite de Gaulle estime

## Le Roi-Soleil

que la guerre froide est finie avec l'échec de l'affaire de Cuba[1] et la reculade soviétique. Or l'OTAN perpétue cette politique des deux blocs. Au secrétaire général de l'OTAN, Manlio Brosio, reçu le 20 janvier, le chef de l'État a assuré que « *l'URSS n'est plus dangereuse, elle n'a aucune intention d'attaquer l'Occident, elle n'est même plus communiste* ». Il s'y rendra d'ailleurs en juin, poursuivant une politique envers l'URSS qui a débuté avec la rencontre de Staline lors d'un voyage homérique en décembre 1944. Enfin le chef de l'État ne souhaite pas « *que la France soit entraînée dans des conflits qui ne la concernent pas directement* », dit-il à Manlio Brosio. Allusion à la guerre du Vietnam. Il se rendra également dans la péninsule indochinoise en septembre et proposera dans son discours de Phnom Penh un calendrier pour mettre fin à la guerre non sans dénoncer l'attitude belliciste des États-Unis.

Et puis le temps presse. De Gaulle se sait vieux. Il veut régler cet héritage de la guerre froide le plus vite possible. « *Ce qu'il faut, c'est enlever les soldats américains, sinon il n'y a pas de raison qu'ils ne restent pas éternellement chez nous, comme en pays occupé*[2] », dira-t-il lors du Conseil des ministres du jeudi 2 juin. Nul doute que cette présence lui rappelait les mauvais moments de l'été 1944, quand les États-Unis souhaitaient administrer le pays.

\*

---

1. Entre le 14 et le 28 octobre 1962, le positionnement de missiles nucléaires soviétiques pointés depuis Cuba sur les États-Unis entraîne une crise diplomatique entre les deux grandes puissances.

2. Alain Peyrefitte, *C'était de Gaulle*, tome III, Éditions de Fallois/Fayard, 2000.

*Le Roi-Soleil*

Note du Foreign Office
25 mars 1965

Confidentiel

Les répercussions du retour du général de Gaulle
à l'échelle internationale

Depuis son retour au pouvoir en 1958, le général de Gaulle a mis en place une politique de plus en plus divergente de celle de ses alliés. Sa volonté d'écarter progressivement la France de l'OTAN, ses différences avec ses partenaires de la CEE, ses efforts pour s'émanciper sur le plan nucléaire plutôt que de tendre vers une interdépendance, son choix de dissocier la France du plan de désarmement de la conférence de Genève, son refus de se soumettre à l'autorité des Nations unies et sa réticence à prendre position par rapport à l'Asie du Sud-Est sont autant d'exemples qui prouvent combien sa politique diverge de la ligne commune. Sous de nombreux aspects, surtout concernant son attitude vis-à-vis des Nations unies et son appréhension de certaines problématiques européennes, ses politiques ont mis la France dans une position proche de celle de la Russie soviétique ; pour d'autres enjeux, comme son refus de signer le Traité d'interdiction partielle des essais nucléaires et sa position peu conformiste vis-à-vis de l'Alliance, on pourrait trouver des points communs entre la situation de la France et celle de la Chine.

Actions et intentions de la France
au sein de l'OTAN

Les dernières décisions du général concernent l'OTAN. Les caractéristiques principales du mémorandum français au sujet de l'OTAN sont :

## Le Roi-Soleil

a) La France continuera à faire partie du Traité Nord Atlantique jusqu'à et après 1969.

b) Les forces françaises se retireront du commandement de l'OTAN et les officiers français des quartiers généraux intégrés.

c) Les quartiers généraux intégrés et les forces étrangères n'étant pas sous commandement français devront quitter la France.

d) La France est prête à prendre des dispositions avec ses alliés pour communiquer en temps de paix et pour lancer des actions militaires communes en cas de guerre.

e) La France est prête à laisser ses forces en Allemagne, selon des dispositions bilatérales arrêtées avec le gouvernement fédéral. Elle souhaite conserver ses forces à Berlin, conformément aux dispositions prévues par le plan d'occupation.

Ce que les Français veulent exactement demeure encore obscur sous bien des aspects, surtout si l'on considère le *timing* dans lequel ils veulent mettre en œuvre ces mesures. Il n'est pas non plus exclu que le général veuille aller plus loin. Même son intention de rester dans le Traité est provisoire, tributaire de changements fondamentaux qui pourraient survenir dans les relations entre l'Est et l'Ouest.

### Les motivations françaises

Le général de Gaulle veut avant tout mettre en avant et donner à la France un statut plus indépendant sur la scène mondiale. Il ne s'agit pas d'un moyen pour arriver à une fin ; c'est la fin en elle-même. Il veut que la France fasse son effet, voilà tout le sens du mot « *rayonnement** ». Il voit la France comme le cœur des événements, jetant ses lumières sur le monde entier. C'est la même philosophie que celle du *Roi-Soleil**.

## Le Roi-Soleil

Pour cela, il désapprouve ce qu'il appelle la « subordination » française à la « domination » américaine dont l'OTAN serait l'instrument. De la même façon, il veut négocier avec la Russie indépendamment, de préférence comme leader de l'Europe occidentale, et établir un nouveau système européen de « l'Atlantique à l'Oural », dont les États-Unis seraient exclus. Il pourrait même avoir l'intention de profiter de sa visite en juin à Moscou pour relancer le sujet du traité franco-soviétique. Son engagement dans l'OTAN l'empêche de bénéficier de la marge de manœuvre qu'il voudrait avoir par rapport à la Russie. Sa déclaration comme quoi le fait d'être membre de l'OTAN pourrait entraîner les pays européens à mener une guerre américaine en dehors de l'Europe reflète bien son souhait d'agir en Asie indépendamment de l'Amérique, et sa peur de voir les Russes minimiser la valeur de la France comme partenaire, en paraissant être pieds et poings liés à/par l'Amérique.

Le général justifie son attitude envers l'OTAN en affirmant que les menaces en Europe ont diminué grâce à la toute nouvelle puissance de l'Europe occidentale, à l'émergence d'un équilibre nucléaire et d'une dissuasion nucléaire française indépendante, ainsi que d'un déplacement des centres de conflit en Asie. Il se sert de ces arguments pour démontrer que l'on a moins besoin de l'OTAN que d'un accord avec la Russie.

### Limites de la France

Les élections présidentielles de décembre dernier ont affaibli la position du général. Il doit aussi faire face, au cours de la même année, à des élections parlementaires et rien ne dit qu'il obtiendra une majorité. En dépit de l'étroit contrôle qu'exerce le gouvernement sur la radio et sur la presse françaises, de plus en plus de personnes critiquent

## Le Roi-Soleil

ses objectifs et ses méthodes. Bien qu'une des raisons qui l'aient poussé à conclure l'accord de la CEE, au Luxembourg, fût d'avoir les mains libres pour s'attaquer au problème de l'OTAN, il était aussi certainement motivé par le fait que l'opinion française est en faveur du Marché commun et de l'union européenne. L'intérêt du public français pour l'OTAN et pour le lien avec les Américains est moins fort, mais il demeure néanmoins conscient de la nécessité d'un soutien américain sous-jacent afin d'assurer la sécurité française. Il n'est pas du tout certain que l'opinion française ne réagisse pas violemment en apprenant que la France se retire du Traité Nord Atlantique, au lieu de l'OTAN, pour le dire autrement et ne pas utiliser l'expression formelle de la protection nucléaire des Américains en Europe. De nombreux Français, bien qu'ayant quelque sympathie pour les motivations du général, se rendent compte que son idée d'une alliance qui semble dater du XIX$^e$ siècle est en décalage total avec l'ère nucléaire et électronique. Ils s'inquiéteront de l'isolement grandissant de la France. De plus, si la France attaque ses partenaires de l'OTAN trop frontalement, ceux-ci pourraient se montrer plus hostiles au sein du EFC et ainsi stimuler l'opposition en France à la politique du général. Le risque qu'une montée du nationalisme français entraîne un sentiment nationaliste d'autant plus fort en Allemagne, ou alors mette l'Allemagne dans une position où elle pourrait exercer une influence plus forte en Amérique, est pressenti partout en France. Par-dessus tout, le général doit se rendre compte que, en dépit de tous ses efforts, rien ne garantit que ses politiques lui survivront. Bien qu'il bénéficie pour le moment d'un soutien majeur, nous pourrions espérer que dans le meilleur des cas, ses successeurs n'aient ni la possibilité ni la volonté de marcher dans ses pas. Ainsi, même s'il se force à faire le vieil homme pressé, il ne peut pas aller trop vite, trop loin, de

## Le Roi-Soleil

peur de laisser ses partisans derrière lui. Pour des raisons de politique intérieure, il aimerait que son attaque de l'OTAN soit oubliée aussi vite que possible : il se rendra peut-être compte que ce n'est pas si simple. [...]

*Source : Note du Foreign Office, CAB 148/69/9.*

## CHARLES LE CONQUÉRANT

C'était, au départ, une idée généreuse et le maire de Hastings ne pouvait imaginer l'embarras qu'elle causerait au Foreign Office. Inviter le général de Gaulle à la commémoration de la célèbre bataille durant laquelle, neuf cents ans plus tôt, le 14 octobre 1066, Guillaume le Conquérant avait défait les troupes de Harold II, mort dans l'affrontement, tombe bien mal pour les diplomates. La venue du président français impliquerait sa présence aux côtés de la Reine à la célébration prévue à la cathédrale Saint-Paul de Londres. Or la France vient de claquer la porte de l'OTAN, elle bataille avec la CEE, sa santé économique est insolente alors que, pour la première fois depuis les guerres napoléoniennes, celle de la Grande-Bretagne n'est guère brillante. Ce que craignent par-dessus tout les diplomates, c'est que le général, dont ils connaissent la liberté de ton, profite de l'occasion pour accabler l'Angleterre en vantant, à l'occasion de cette lointaine victoire française, la suprématie française. Une perspective intolérable et une visite jugée, au final, « *indésirable* ».

*

1<sup>er</sup> janvier 1966
Commémoration de la bataille de Hastings

Un comité de coordination, sous la présidence du général Sir R. Denning, a été créé pour coordonner les activités des autorités locales et autres organisations impliquées dans la prochaine commémoration de la conquête normande.

Le HMG[1] a accepté de prendre en charge une partie des finances (dans la limite de 13 000 livres) du comité de coordination. Bien que nous n'en ayons pas exprimé le désir, ces fonds proviennent du Foreign Office Vote, et nous sommes donc quelque peu responsables des activités du comité de coordination.

Lorsque le projet d'une commémoration a été avancé pour la première fois l'année dernière, nous avons appris que le maire de Hastings avait en tête de proposer la Liberté de la ville[2] au président de Gaulle, et de l'inviter en personne pour la recevoir. Pour autant que nous en sachions, cette offre n'a pas été communiquée aux Français par le maire de Hastings ou par qui que ce soit d'autre, dans la mesure où, à cette époque-là, il n'était pas certain que le général de Gaulle soit réélu président. Mais maintenant qu'il a été réélu et que le comité de coordination est soutenu par le HMG, les organisateurs ont formé des projets plus ambitieux. Le général Denning a mentionné une proposition, selon laquelle le président français devrait être invité à assister au service commémoratif à la cathédrale Saint-Paul, où l'on espère que la Reine sera présente. À notre demande, il a accepté de ne pas pousser cette suggestion plus loin pour le moment, mais celle-ci (ou une proposition semblable) sera certainement à nouveau soulevée par Sir R. Denning ou par quelque autre membre de son comité.

Il est naturellement certain que toute proposition concernant une visite du général de Gaulle dans ce pays sera soumise à notre approbation. Nous devons donc consulter Sir

---

1. « Her/His Majesty's Government », le gouvernement de Sa Majesté.
2. « Freedom of the City », distinction dont il n'existe pas d'équivalent français.

## Charles le Conquérant

P. Reilly[1] et nous mettre d'accord pour savoir si une telle visite serait appropriée et bienvenue, ou si nous devrions la décourager. Les arguments en sa faveur et à son encontre peuvent être exposés comme suit :

Pour :

a) Le président de Gaulle se réjouirait probablement d'une visite à Londres (si ce n'est à Hastings), et cela pourrait servir les relations franco-britanniques.

b) Les Français commémorent aussi cet événement ; leur comité est placé sous la présidence de M. de Broglie[2] (récemment nommé secrétaire d'État au Quai d'Orsay), qui a exprimé le vœu que cette commémoration ait pour but de consolider les relations franco-britanniques et de célébrer notre fraternité d'armes. Cela n'a rien d'exceptionnel.

c) Même s'il n'y a pas véritablement d'avantage à recevoir la visite du président de Gaulle cette année, ceci n'est pas une commémoration officielle et il n'y a aucune raison de chercher à dissuader les organisateurs de l'aborder.

d) En tout cas, il serait dangereux de s'opposer à une telle visite, dans la mesure où notre refus pourrait facilement être rendu public ; cela desservirait les relations franco-britanniques et conduirait sans doute la presse des deux pays à critiquer le Foreign Office.

Contre :

a) Puisque le président de Gaulle est à la fois en conflit avec la Communauté économique européenne et l'OTAN, sa visite en juin ou quand que ce soit cette année est indésirable d'un point de vue politique.

---

1. Sir Patrick Reilly (1909-1999), ambassadeur de Grande-Bretagne à Paris de 1965 à 1968.
2. Jean de Broglie (1921-1976), un des négociateurs des accords d'Évian mettant fin à la guerre d'Algérie, secrétaire d'État aux Affaires étrangères de 1966 à 1967.

b) Il y a un risque que le général, s'il est invité, soit tenté de saisir l'occasion pour montrer qu'il considère sa présence ici comme un moyen de célébrer la victoire d'une civilisation sur les Anglo-Saxons.

c) La question n'est pas de savoir si l'invitation viendrait d'un organisme privé ou pas : on s'imaginerait partout que le HMG l'a approuvé.

d) De plus, si on l'invitait à assister à une cérémonie à Londres où la reine serait présente, cette visite serait presque indifférenciable d'une visite officielle ; la reine se sentirait sans aucun doute obligée de recevoir le président, et le Premier ministre aussi.

e) En France, cette commémoration a un caractère essentiellement normand et il serait donc inapproprié d'inviter le chef d'État français.

f) L'argument selon lequel il serait risqué de décourager cette invitation est peu solide. On peut compter sur la discrétion de Sir R. Denning, et il serait possible de dissuader de façon discrète et convenable le maire de Hastings en lui expliquant les complications politiques. Mais il serait bien entendu plus facile de couper court à cette proposition le plus tôt possible au lieu de poser notre veto une fois qu'elle aura fait du bruit.

Tout bien considéré, les arguments contre l'invitation du président de Gaulle semblent l'emporter sur ceux en sa faveur. Il est donc recommandé :

a) De confidentiellement expliquer nos doutes au général Denning et, s'il le conseille, au maire de Hastings.

b) D'informer aussi Sir Michael Adeane[1], dans la mesure où le duc de Norfolk[2] abordera probablement sous peu la

---

1. Lieutenant-Colonel Michael Edward Adeane, Baron Adeane (1910-1984), secrétaire privé de la reine Elisabeth II.
2. Bernard Marmaduke Fitzalan-Howard, 16ᵉ duc de Norfolk, chargé des cérémonies royales.

## Charles le Conquérant

reine au sujet de sa présence à la cérémonie à la cathédrale Saint-Paul.

c) De désigner, sous réserve de l'avis de H. M. ambassadeur à Paris, un autre représentant français (par exemple M. de Broglie), ce qui nous aiderait à contourner toute autre suggestion d'une invitation au général.

*Source : France, commemoration of the Norman Conquest (1066); whether to invite General de Gaulle FO 924/1629.*

## L'ÎLE AUX CYGNES

Elle a connu le général de Gaulle dès les premiers jours de son aventure à Londres et il la terrorisait. La plus jeune fille de Winston Churchill, Mary[1], aide de camp de son père à partir de 1943, était aussi présente ce fameux 11 novembre 1944 lors de la descente triomphale des Champs-Élysées (voir chapitre « Paris est une fête »). Elle accompagne à Paris son mari, Christopher Soames[2], lorsque celui-ci est nommé en 1968 pour remplacer Sir Patrick Reilly. « *[Cela] nous prit tous de surprise parce qu'il n'était pas diplomate.* » Raison de cette nomination : « *Harold Wilson et George Brown lui demandèrent de se rendre à Paris, parce qu'ils voulaient briser l'embargo des Français qui s'opposaient à ce que la Grande-Bretagne rejoigne le Marché commun.* » Dans ses livres[3] mais aussi dans une interview à la BBC, Mary Soames évoque « *ces quatre merveilleuses années en France* » et dresse également ce portrait inattendu du général de Gaulle.

\*

---

1. Née en septembre 1922, Mary Soames, baronne Soames, est décédée le 31 mai 2014 à l'âge de 91 ans.
2. Arthur Christopher John Soames, baron Soames (1920-1987). Député conservateur, il avait fait partie des cabinets d'Anthony Eden et de Harold Macmillan.
3. Winston et Clementine Churchill, *Conversations intimes, 1908-1964*, présenté par François Kersaudy, introduit et annoté par Lady Mary Soames-Churchill, Éditions Tallandier, 2013.

## L'île aux Cygnes

« J'avais déjà rencontré de Gaulle à Chequers mais il m'inquiétait toujours, parce que c'était quelqu'un d'assez impressionnant, presque menaçant... J'étais très troublée lorsque je m'assis à côté de lui une fois, lors d'un dîner à l'Élysée. Il était très charmant. Il aimait les femmes, vous savez. Ce fut la première conversation que j'eus avec lui, et le moins qu'on puisse dire, c'est qu'il sut me mettre à l'aise. Je sais que ça peut paraître étrange mais il me dit : *"Madame, que faites-vous à Paris ?"* C'était une question très bizarre et donc je lui répondis : *"Oh, monsieur le président, je promène mes chiens."* Cet homme formidable se creusa la tête et me demanda : *"Oh, vraiment, et où donc les promenez-vous ? – Eh bien voyez-vous, je sors de l'ambassade par la porte de derrière et je traverse les Champs-Élysées, vous savez, tout en bas. – Oui, je vois très bien, tout en bas. – Et je descends au bord de la Seine..."* Et nous avons continué à discuter ainsi. Entre-temps, on avait terminé la viande et servi le pudding. Il me demanda soudain : *"Avez-vous déjà été à l'île aux Cygnes[1] ?"* Et je lui dis : *"Non."* Il renchérit : *"Oh, alors il faut absolument que vous alliez promener vos chiens là-bas."* Et donc après cette discussion, à chaque fois que je me rendais à l'île aux Cygnes, je pensais toujours : *"Bien vu, monsieur le général. Quelle bonne idée a eu le général."* »

*Sources :*
*http://www.winstonchurchill.org/the-life-of-churchill/life/an-interview-with-mary-soames*
*http://www.bbc.co.uk/programmes/p0093y56*

---

1. L'île aux Cygnes est l'île artificielle créée en 1825 entre le pont de Bir-Hakeim et celui de Grenelle, à Paris. Longue d'environ 900 mètres, elle fait face, d'un côté à la Maison de la Radio, de l'autre au front de Seine.

## UN CHÊNE QU'ON ABAT

« *Oh ! J'ai mal, là, dans le dos.* » Ce 9 novembre 1970, peu avant 19 heures et à quelques jours de ses 80 ans, Charles de Gaulle s'effondre alors qu'il fait une réussite en attendant le dîner. Il décède peu après, victime d'une rupture d'anévrisme aortique sous-rénale. Les Britanniques vont se montrer fair-play envers ce si vieil ennemi. Pas moins de trois Premiers ministres – Anthony Eden, Harold Macmillan et Edward Heath[1], qui occupe le poste – se rendent à la messe d'hommage organisée à Notre-Dame de Paris. Le général a exigé un enterrement à Colombey-les-Deux-Églises et une cérémonie *« extrêmement simple [...] Je ne veux pas d'obsèques nationales. Ni président, ni ministres, ni bureaux d'assemblées, ni corps constitués*[2] *»*. Mais les Britanniques vont lui rendre, le 19 novembre, un hommage particulier à Londres en organisant une cérémonie à la cathédrale Saint-Paul, à laquelle se rendent les ambassadeurs de près de quatre-vingts pays. Le 4 décembre, Christopher Soames envoie une dépêche à Sir Alec Douglas-Home, secrétaire d'État aux Affaires étrangères, résumant la carrière du général et l'émotion causée par sa mort en France.

\*

---

1. Edward Heath (1916-2005), leader conservateur, Premier ministre de 1970 à 1974. C'est lui qui fait entrer le Royaume-Uni dans le Marché commun en 1973.
2. Testament de De Gaulle rédigé le 16 janvier 1952 et remis à Georges Pompidou. *Source : Fondation Charles de Gaulle.*

*Un chêne qu'on abat*

[10 novembre 1970, message, en français, adressé par le Premier ministre britannique, Edward Heath, à la Chambre des députés.]

« Pendant les siècles de sa glorieuse histoire, la France a donné naissance à beaucoup de grands hommes ; Charles de Gaulle aura toujours sa place parmi les plus grands d'entre eux. À certains moments, il paraissait l'incarnation de la France elle-même... Comme vous le savez, parfois, la politique de De Gaulle ne s'accordait pas entièrement avec celle du gouvernement britannique. Mais nous n'avons jamais perdu de vue la vraie grandeur de l'homme. Nous avons su reconnaître la foi austère et le patriotisme inébranlable qu'il avait toujours consacrés au service de la France. Ces qualités ont illuminé sa vie. »

*

4 décembre 1970

À Sir Alec Douglas-Home, secrétaire d'État aux Affaires étrangères et au Commonwealth

[...] Il est trop tôt pour se lancer dans un compte-rendu exhaustif de la vie de ce grand homme français. Comme la plupart des grands hommes, il fut un personnage controversé tout au long de sa carrière. Je doute que les futurs historiens de De Gaulle réussissent à être moins subjectifs que ne le sont tous les historiens de Napoléon. Mais tous, en tentant de définir sa place au sein de l'histoire française, seront, je pense, d'accord pour dire que sa décision d'arracher le drapeau tricolore des mains d'une République agonisante et de le brandir comme le point de ralliement d'un petit groupe

*Un chêne qu'on abat*

d'hommes et de femmes qui refusaient d'accepter la capitulation de leur pays donna à Charles de Gaulle sa place décisive dans l'histoire de la France. Car ce de Gaulle-là, le défenseur têtu de l'indépendance française, de la légitimité et de la continuité de la République française, fut le vrai de Gaulle, alors que beaucoup de ce qu'il a accompli, ou de ce qu'il n'a pas réussi à accomplir, entre la fin de la guerre et son éclipse finale tient plus du mythe que de la réalité. [...]

Cela ne doit pas nous rendre insensibles à la grandeur de l'homme et à l'envergure de ses actions : de Gaulle fut un Français remarquable et ses prouesses furent grandes également. Le général de Gaulle avait une *« special relationship »* complexe avec la Grande-Bretagne : une admiration pour nos qualités mêlée à une jalousie de notre influence et à une peur profonde que les Anglo-Saxons n'empiètent sur les intérêts français. [...]

Maintenant, le général est parti et la dernière grande personnalité de ce siècle a disparu de la scène française. La France ne connaîtra plus jamais d'autres hommes comme lui. En conclusion à ces réflexions sur la mort d'un des plus grands hommes de l'histoire de France, je ferai une dernière remarque. La phrase la plus connue des Mémoires du général de Gaulle est la première : « *Toute ma vie, je me suis fait une certaine idée de la France.* » La tragédie de De Gaulle, mais aussi sa force, fut peut-être que lui aussi mélangea mythe et réalité. Sa « certaine idée de la France » fut un idéal splendide mais inaccessible, et, au fond de lui, il le savait.

Christopher Soames

*Source : TNA : PRO FCO 57/152, Memorial service in St Paul's Cathedral for General de Gaulle, 19 November.*

# BIBLIOGRAPHIE

ALBERTELLI Sébastien, *Les Services secrets du général de Gaulle*, Perrin, 2009.
AMOUROUX Henri, *La Grande Histoire des Français sous l'Occupation*, Robert Laffont (dix volumes), 1976-1993.
AURIOL Vincent, *Journal du septennat*, édition établie par Pierre Nora et Jacques Ozouf, Tallandier, 2003.
AZÉMA Jean-Pierre, PAXTON Robert O., BURRIN Philippe, *6 juin 44*, Tempus / Perrin, 2008.
AZÉMA Jean-Pierre, WIEVIORKA Olivier, *Vichy, 1940-1944*, Perrin, 1997.
BARR James, *A Line in the Sand : Britain, France and the Struggle that Shaped the Middle East*, Simon & Schuster, 2011.
BERL Emmanuel, *La Fin de la III<sup>e</sup> République*, Gallimard, 2007.
BÉTHOUARD Antoine, *Cinq Années d'espérance, Mémoires de guerre, 1939-1945*, Plon, 1968.
CHURCHILL Winston, *Mémoires de guerre*, Tallandier, 2014.
CHURCHILL Winston, *La Guerre du fleuve, un récit de la reconquête du Soudan*, collection « Mémoires de guerre », Les Belles Lettres, 2015.
CHURCHILL Winston, *Discours de guerre*, Tallandier, 2009.
CHURCHILL Winston, *Mes Jeunes Années*, Texto/Tallandier, 2008.
CHURCHILL, Winston et Clementine, *Conversations intimes, 1908-1964*, présenté par François Kersaudy, introduit et annoté par Lady Mary Soames-Churchill, Éditions Tallandier, 2013.
CLERC Christine, *Tout est fichu ! Les coups de blues du général*, Albin Michel, 2014.
COOPER Alfred Duff, *Au-delà de l'oubli*, Gallimard, 1960.

*Bibliographie*

CORDIER Daniel, *Jean Moulin, La République des catacombes*, Gallimard, 1999.
CORDIER Daniel, *Alias Caracalla*, Gallimard, 2009.
COURRIÈRE Yves, *La Guerre d'Algérie*, Fayard, Paris, 2001.
CRÉMIEUX-BRILHAC Jean-Louis, *Les Français de l'an 40*, Gallimard, 1990.
CRÉMIEUX-BRILHAC Jean-Louis, *La France libre. De l'appel du 18 juin à la Libération*, Gallimard, 1996.
DARD Olivier, *Voyage au cœur de l'OAS*, Perrin, 2005.
DARMON Pierre, *Un siècle de passions algériennes. Une histoire de l'Algérie coloniale, 1830-1940*, Fayard, Paris, 2009.
DE GAULLE Charles, *Le Fil de l'épée*, Éditions Berger-Levrault, 1944.
DE GAULLE Charles, *Mémoires d'espoir*, Plon, 1970-1971.
DE GAULLE Charles, *Mémoires de guerre*, Plon 1994.
DE LA GORCE Paul-Marie, *Charles de Gaulle*, Nouveau Monde Éditions, 2008
DELPLA François, *L'Appel du 18 juin 1940*, Grasset, Paris, 2000.
EDEN Anthony, *L'Épreuve de force. Février 1938-août 1945*, Plon, 1965.
ELGEY Georgette, *Histoire de la IV$^e$ République*, Fayard, Paris (nouv. éd.). 1. *La République des illusions, 1945-1951*, 1993. 2. *La République des contradictions, 1951-1954*, 1993. 3. *La République des tourmentes, 1954-1959*, t. I., 1992. 4. *La République des tourmentes, 1954-1959*, t. II, « Malentendu et passion », 1997. 5. *La République des tourmentes, 1954-1959*, t. III, « La fin », 2008.
FALIGOT Roger et GUISNEL Jean (sous la direction de), Lecadre Renaud, Kauffer Rémi, Malye François, Orange Martine et Zamponi Francis, *Histoire secrète de la V$^e$ République*, La Découverte, 2006.
FAVREAU Bertrand, *Georges Mandel ou la Passion de la République*, Fayard, 1996.
FERRO Marc, « Le Général de Gaulle, sous-secrétaire d'État », Espoir n° 73, 1990.
FLEURY Georges, *Histoire secrète de l'OAS*, Grasset, 2002.
FOOT Michael R. D., *Des Anglais dans la Résistance, Le SOE en France, 1940-1944*, Tallandier, 2008.

*Bibliographie*

GALLO Max, *1940, de l'abîme à l'espérance*, XO Éditions, 2010.
GALLO Max, *De Gaulle : La solitude du combattant, 1940-1946*, Robert Laffont, 1998.
GARÇON Maurice, *Journal, 1939-1945*, Les Belles Lettres/Fayard, 2015.
HAZAREESINGH Sudhir, *Le Mythe gaullien*, Gallimard, 2010.
HORNE Alistair, *Comment perdre une bataille, France, mai-juin 1940*, Tallandier, 2010.
JACKSON Julian, *Charles de Gaulle*, Hans Publishing, 2003.
KASPI André, *Chronologie commentée de la Seconde Guerre mondiale*, Tempus/Perrin, 2010.
KAUFFER Rémi, *OAS, histoire d'une guerre franco-française*, Seuil, 2002.
KEEGAN John, *La Deuxième Guerre mondiale*, Perrin, 1990.
KERSAUDY François, *De Gaulle et Churchill*, Tempus, 2003.
KERSAUDY François, *De Gaulle et Roosevelt, Le duel au sommet*, Tempus, 2006.
KERSAUDY François, *Churchill*, Tallandier, 2009.
LACOUTURE Jean, *De Gaulle, le rebelle*, Seuil, 1984.
LEVISSE-TOUZÉ Christine (sous la direction de), *La Campagne de 1940*, Tallandier, 2001.
LORMIER Dominique, *La Bataille de France*, Le Cherche-Midi, 2010.
LUNEAU Aurélie, *Radio Londres, 1940-1944*, Tempus/Perrin 2010.
MACMILLAN Harold, *La Grande Tourmente, 1939-1945. Mémoires de guerre*, Plon, 1968.
MALYE François et HADLEY Kathryn, *Dans le secret des archives britanniques, l'histoire de France vue par les Anglais*, Calmann-Lévy, 2012.
MALYE François, *100 questions sur de Gaulle*, éditions La Boétie, 2014.
MARX Roland, *Histoire de la Grande-Bretagne*, Tempus/Perrin, 2004.
MASSON Philippe, *La Seconde Guerre mondiale*, Tallandier, 2003.
MONNET Jean, *Mémoires*, Le Livre de Poche, 1988.
MURACCIOLE Jean-François, *Les Français libres, l'autre résistance*, Tallandier, 2009.

*Bibliographie*

Nicholson Harold, *Journal des années tragiques*, Grasset, 1971
Paxton Robert O., *La France de Vichy*, Seuil, 1999.
Paxton Robert O., *L'Armée de Vichy*, Tallandier, 2004.
Paxton Robert O. et Hessler Julie, *L'Europe au XX$^e$ siècle*, Tallandier, 2011.
Peyrefitte Alain, *C'était de Gaulle*, tomes I à III, De Fallois/Fayard, 1997-2000.
Richards Brooks, *Flottilles secrètes, Les liaisons clandestines en France et en Afrique du Nord, 1940-1944*, Éditions Marcel-Didier Vrac, 2001.
Rougier Louis, *Les Accords Pétain-Churchill*, Librairie Beauchemin, Montréal, 1945.
Roussel Éric, *Charles de Gaulle*, Gallimard, 2002.
Salat-Baroux Frédéric, *De Gaulle-Pétain*, Robert Laffont, 2010.
Spears Edward, *Pétain, de Gaulle, deux hommes qui ont sauvé la France*, Presses de la Cité, 1966.
Tachin Agnès, *Amie et Rivale : La Grande-Bretagne dans l'imaginaire français à l'époque gaullienne*, Peter Lang, 2009.
Tauriac Michel, *De Gaulle avant de Gaulle, la construction d'un homme*, Plon, 2012.
Tombs Isabelle et Robert, *La France et le Royaume-Uni. Des ennemis intimes*, Armand Collin, 2012.
Tournoux Jean-Raymond, *Secrets d'État*, Plon, 1960.
Vaïsse Maurice, *Comment de Gaulle fit échouer le putsch d'Alger*, André Versailles éditeur, 2011.
Vergez-Chaignon Bénédicte, *Les Vichysto-résistants, de 1940 à nos jours*, Perrin, 2008.
Viansson-Ponté Pierre, *Histoire de la République gaullienne, La fin d'une époque*, 1970, Fayard.
Weber Jacques, *Le Siècle d'Albion, L'empire britannique au XIX$^e$ siècle, 1815-1914*, Les Indes savantes, 2011.
Wieviorka Olivier, *Histoire du débarquement de Normandie*, Seuil, 2007.

# INDEX

Aboulker, José : 189
Aboulker, Pierre : 183, 186, 189
Adeane, Michael Edward : 204

Baudouin, Paul : 61, 65
Béthouard, Antoine : 78, 79
Bevin, Ernest : 79, 88, 109, 110
Bidault, Georges : 107
Billotte, Pierre : 68
Borden, Mary : 8
Broglie, Jean de : 203, 205

Cambon, Roger : 58
Challe, Maurice : 140, 141, 167
Chautemps, Camille : 58
Chevallier-Chantepie, Armelle : 73, 75
Churchill, Winston : 7-13, 17-19, 25, 29, 30, 39, 41-44, 55, 64, 67, 68, 77-79, 86, 91, 97, 99, 103, 104, 107, 113, 115, 120-123, 145, 148, 169, 179, 180, 207
Clemenceau, Georges : 61, 63, 64, 104, 172
Comert, Pierre : 58
Cooper, Alfred Duff : 8, 11-13, 18, 56, 68, 77, 78, 98, 103, 104, 109, 110
Coste-Floret, Paul : 170

Cot, Pierre : 58
Coty, René : 125
Courcel, Geoffroy de : 9, 18
Couve de Murville, Maurice : 132, 163, 193

Darlan, François : 42, 64, 115
Delepouve, Madeleine : 75
Delouvrier, Paul : 140-142
Dill, John : 20
Dixon, Pierson John : 15, 153, 154, 159, 161, 164, 171, 174, 175, 181, 187, 192
Dulles, John Foster : 129

Eden, Anthony : 13, 14, 20, 55, 56, 61, 67, 68, 71, 77, 78, 97, 103, 105, 107, 207, 209
Élisabeth II : 12, 126, 145, 148, 163, 174, 201, 202, 204, 205

Fitzalan-Howard, Bernard Marmaduke : 204

Gaulle, Marie-Agnès de : 74
Gaulle, Marie-Louise de : 75

## Index

GAULLE, Pierre de : 73, 75, 76, 162
GAULLE, Xavier de : 73-76
GAULLE, Yvonne de : 11, 23, 24, 75, 146
GAULLE-ANTHONIOZ, Geneviève de : 74-76
GODARD, Yves : 171

HAAKON VII : 82
HAMMARSKJÖLD, Dag : 183, 185, 186
HEATH, Edward : 209, 210

JEBB, Gladwyn Hubert Miles : 15, 113, 117, 119, 120, 123, 125, 127, 132, 133, 135, 137, 150, 153, 165, 166, 168
JOXE, Louis : 132

LABARTHE, André : 58
LAVAL, Pierre : 62
LLOYD, Selwyn : 113

MACMILLAN, Harold : 12-14, 67, 125, 163, 175, 181, 207, 209
MANDEL, Georges : 61-63
MARCHAND, Jean-Baptiste : 10
MARGERIE, Roland de : 9, 23
MASSIGLI, René : 97, 98, 155, 166

MASSU, Jacques : 139, 142
MONNERVILLE, Gaston : 170, 188
MUSELIER, Émile : 41, 42, 55

NAGY, Imre : 128
NICHOLSON, Harold : 68

PAPON, Maurice : 170
PINAY, Antoine : 170
POMPIDOU, Georges : 191, 209

REILLY, Patrick : 203, 207
REYNAUD, Paul : 7, 9, 17, 20, 23, 58, 61, 63, 65, 107, 191, 192

SOAMES, Arthur Christopher John : 207, 209, 211
SOAMES, Mary : 207
SOUSTELLE, Jacques : 170
SPEARS, Edward Louis : 8, 11-13, 17, 19, 23, 24, 30, 34, 65
SUMMER WELLES, Benjamin : 67

VIÉNOT, Pierre : 78

WEYGAND, Maxime : 19, 41
WILHELMINE : 82

# TABLE DES MATIÈRES

| | |
|---|---|
| Introduction | 7 |
| *La légende de juin* | 17 |
| *Sauvez Mme de Gaulle !* | 23 |
| *La kermesse de Dakar* | 29 |
| *Les autres Français libres* | 37 |
| *La rupture* | 41 |
| *L'ami d'Albion* | 55 |
| *La haine de l'argent* | 61 |
| *« Torch »* | 67 |
| *La guerre des de Gaulle* | 73 |
| *Le jour le plus long* | 77 |
| *Monnaie de singe* | 91 |
| *« Prenez un peu de repos »* | 97 |
| *« Rentrez, rentrez vite ! »* | 99 |
| *Paris est une fête* | 103 |
| *La traversée du desert* | 109 |
| *Mauvaises mémoires* | 113 |
| *De Gaulle ne reviendra pas* | 119 |
| *Le retour* | 125 |
| *Un pur produit du génie national français* | 133 |
| *La semaine des barricades* | 139 |
| *Le sacre de Londres* | 145 |
| *Premières impressions* | 153 |
| *Le roi reçoit* | 161 |
| *Putsch et complots* | 165 |

## Table des matières

| | |
|---|---|
| « Tuez de Gaulle ! » | 171 |
| Partie de chasse | 179 |
| « Nous avons été battus par la prostate ! » | 183 |
| Waterloo, Belgique | 191 |
| Le Roi-Soleil | 193 |
| Charles le Conquérant | 201 |
| L'île aux Cygnes | 207 |
| Un chêne qu'on abat | 209 |
| | |
| Bibliographie | 213 |
| Index | 217 |

*Composition et mise en pages*
*Nord Compo à Villeneuve-d'ascq*

*Achevé d'imprimer en novembre 2015*
*par CPI Bussière*
*pour le compte des Éditions Calmann-Lévy*
*31, rue de Fleurus 75006 Paris*

N° d'éditeur : 5132816/03
N° d'impression : 2019575
Dépôt légal : novembre 2015
*Imprimé en France*